Der Tod ist erst der Anfang -

eine Reise durch das Jenseits

•

Sabine Dilger

ISBN 978-3-7357-7737-9

Bibliografische Informationen der Deutschen Nationalbibliothek
Die Deutschen Nationalbibliothek verzeichnet diese
Publikation in der Deutschen Nationalbibliografie; de-
taillierte bibliografische Daten sind im Internet über
http://dnb.d.-nb.de abrufbar.

Inhaltsverzeichnis

Der Tod ist der Tag der Seele,

die sich schillernd wie ein Regenbogen entfaltet.

Vorwort

Das Buch „Der Tod ist erst der Anfang", ist für interessierte Menschen geschrieben, die mehr über den Tod und die Zustände danach erfahren möchten. Es soll als Leitfaden dienen, sich mit dem Tod und was darauf folgt vertraut zu machen.

Viele haben sicher schon über Nahtoderforschung gehört oder Lektüre zu dem Thema gelesen, die einiges Licht auf dieses Gebiet wirft. Einerseits erweckt das Thema ein breites Interesse, anderseits gibt es aber noch viele offene Fragen dazu.

Das Buch soll mit dazu beitragen, einige jener Fragen zu erhellen, die sich zwangläufig durch die unterschiedliche Beschreibung zwischen der Nahtodforschung und dem Buddhismus, der die einzelnen Stadien im Tod darlegt, ergeben. Es soll anregen, sich schon zu Lebzeiten mit der eigenen Sterblichkeit auseinanderzusetzen und Denkanstöße geben, den Tod und das Leben sinngerechter zu betrachten und folglich danach auch zu leben. Denn die Auseinandersetzung mit dem Tod verändert unsere Sicht der Dinge im Wesentlichen und wir gewinnen eine andere Lebenshaltung, die mehr auf inneren Werten beruht.

Unsere Haltung dem Tod gegenüber

Viele Pioniere der Nahtodforschung haben erstaunliche und revolutionäre Erkenntnisse aus ihren Forschungsarbeiten zusammengetragen, die viel Licht auf den Tod werfen.

Vielen von uns ist der Tod immer noch unvorstellbar. Wir können über den Tod diskutieren, ihn aber als Wirklichkeit nicht erfassen, denn wir sind ja am Leben und somit scheint der Tod weit weg. So bleibt er unbewusst dunkel, geheimnisvoll, ja, für manchen sogar bedrohlich. Man bekämpft ihn medizinisch, negiert ihn aus seinem Leben, gar darüber reden wird in manchen Kreisen als morbid angesehen.

Aber wie sollen wir uns gegenüber dem eigenen Tod verhalten? Haben wir Angst, sind wir gleichgültig oder sehnen wir uns danach? Fakt ist, dass wir als Mensch irgendwann ausgelöscht sein werden und das bereitet uns eine undifferenzierte Angst, die wir nur zu oft verdrängen. Auch wenn die Nahtodforschung sehr viel Hoffnungsvolles zu bieten hat, bleibt zuweilen doch eine gewisse Unsicherheit bestehen. Denn die Betreffenden sind dem Tod für kostbare Minuten nur *nahe* gekommen, sie waren nicht lange tot, und sind zurück gekehrt, um uns davon zu berichten.

Die meisten Religionen haben Einiges zu diesem Thema zu sagen und sie sind sich alle einig, dass die Seele nach dem Tod fortbesteht. Selbst darüber, was *nach* dem Tod mit uns geschieht, wissen sie Einiges zu berichten. Doch in diesem Punkt driften die Meinungen der einzelnen Religionen leider sehr auseinander. Und hier fängt Glaube an, denn einen wissenschaftlichen Beweis können die Religionen nicht liefern. So sind wir im Allgemeinen unsicher, woran wir glauben sollen.

Wir möchten kontinuierlich am Leben bleiben und blenden die Tatsache, dass der Tod irgendwann zu uns kommt, aus, wir verdrängen. Tun wir uns damit einen Gefallen? Ist es nicht ratsam, sich jetzt schon mit den Tod auseinanderzusetzen, als wenn er zu einem Zeitpunkt-plötzlich über uns kommt und wir dann möglicherweise in Panik fallen?

Wer sich mit dem Tod schon zu Lebzeiten auseinandersetzt, wird am Ende möglicherweise viel gefasster sein und einen tieferen Sinn in seinem Leben entdecken können, was uns letztendlich nur Vorteile bringt. Denn wer gut vorbereitet ist, versteht es auch sinngerechter zu leben und entwickelt im Allgemeinen eine neue Bewusstseins-haltung dem Tod gegenüber. Daher ist es von Vorteil Bücher über den Tod zu studieren und abzuwägen, was für einen selbst stimmig klingt.

Die Auseinandersetzung mit dem Tod verändert den Menschen, ich spreche da aus eigenen Erfahrungen, denn es bedeutet, dass wir uns tiefer mit uns selbst auseinandersetzen, wovon wir nur profitieren können. Moral und Verantwortung bekommen vor diesem Hintergrund eine neue Bedeutung und es kann unseren Lebensstil komplett wandeln.

Dass wir irgendwann „ausgelöscht" werden, erscheint uns rein intuitiv absurd, unvorstellbar und damit haben wir Recht und auch nicht. Denn in gewissem Sinn werden wir tatsächlich vollkommen ausgelöscht: Unser Leben als

Mensch hört unwiderruflich auf, mit allem, was dazu gehört. Wir verlieren uns vollkommen, alles, was wir im Leben und an Beziehungen hatten, die uns ein Gefühl von Sicherheit vermitteln, und das kann Angst auslösend sein.

Was aber bedeutet Sicherheit für uns? Sie ist die Festigung unserer Identität. Und wir ziehen unsere Sicherheit gewöhnlich aus dem, was uns vertraut ist, was wir kennen. Den Tod kennen wir aber nicht. Sicher haben wir einige Erfahrungen mit dem Tod, durch einen Sterbefall etwa innerhalb unseres Umkreises, oder weil wir eine schwere Krankheit überwinden mussten. Doch die Konfrontation mit unserem eigenen Tod ist für uns mit Angst besetzt, vielleicht sogar auch gleichgültig, was nichts weiter als Verdrängung ist.

Als großen Verlust kann man den Tod umschreiben. Aber schauen wir doch einmal genauer hin, was verlieren wir wirklich? Es sind nicht nur unsere Beziehungen, sondern auch unsere Gewohnheiten, unser Anhaften an das Leben, an Dinge und Menschen, die uns alle ein Gefühl von Beständigkeit vermitteln. Was wir am Ende haben, ist dann erst einmal nichts, wenn wir keinen Glauben formulieren.

In der Auseinandersetzung mit unserem Sterben lösen wir im Idealfall diese Anhaftungen auf. Dies erfordert aber, dass wir loslassen können und uns dem Vertrauen hingeben, dass es etwas Größeres gibt, das uns auf der anderen Seite empfängt. Ein Mensch, der nur an die Realität glaubt, ohne jeden höheren Sinn und Zweck, kann in einen deprimierten Zustand fallen. Vor allen Dingen ist es eine Hürde loszulassen, wenn wir im Leben gewisse Dinge und Beziehungen nicht geklärt haben und auch nicht mehr die Zeit und Möglichkeit dazu haben. Es kann sehr unruhig machen, wenn ungelöste Angelegenheiten nicht bereinigt sind und es fällt dann schwerer loszulassen. Dazu später mehr.

Im Sterbevorgang gibt es verschiedene psychologische Zustände, die wir alle mehr oder weniger durchlaufen. Vor allen Dingen sind es unsere eigenen Schattenanteile wie Ängste, Zorn, Hass u. s. w., die an das Bewusstsein gespült werden. Akzeptieren wir diese Gefühle als einen Teil von uns, dann fällt es uns leichter loszulassen, denn zu unserem Wesen gehören auch diese Emotionen, genauso wie unser lichtes Selbst. Nur durch bewusste Integration aller Anteile werden wir nicht nur vollständiger in unserem Wesen, sondern wir balancieren diese auch allmählich aus, durch *Verstehen,* warum sie in uns sind. Das erfordert eine tiefere Auseinandersetzung mit uns selbst, von dem wir nur profitieren können.

Wenn unser Geist voller Unruhe und Angst ist, oder sich in sonst einem negativen Gemütszustand befindet, überträgt sich das auf den Nachtodzustand, denn alles, was in uns ist, wird nach außen projiziert und *wir werden dementsprechende Erlebnisse haben.* Warum nicht jetzt damit anfangen, wo wir noch am Leben sind und die Möglichkeit haben unsere Gefühlsknoten zu lösen, unsere Vergangenheit zu heilen und unsere Anhaftungen zu lockern? Das mag nicht einfach sein, ist aber auf jeden Fall möglich. Im gewissen Sinne sind Anhaftungen auch normal, denn wir müssen uns stets im Leben auf etwas beziehen können, um unsere Identität zu festigen.

Aber wie leicht haften wir an Dingen, Gewohnheiten und Menschen? Manchmal sogar an unseren negativen Erlebnissen, die uns verfolgen. Wir haften, weil wir Angst haben uns selbst zu verlieren, Sicherheit zu verlieren, denn unsere Ich-Kontinuität hängt davon ab. Wir fürchten uns davor unser Ich zu verlieren, im Leben wie im Tod, denn was gibt uns eigentlich Beständigkeit? Es ist die Art und Weise, wie wir im Leben und in Beziehungen eingebunden sind. Wir befinden uns stets im Austausch mit unserer Umwelt. Auch unsere Gewohnheiten, alltäglichen Rituale und unsere Lebenseinstellungen und Glaubensformulierungen festigen unser Ich. Was ist, wenn wir alledem entrissen werden, wenn es nichts mehr gibt, an dem wir uns festhalten können? Wir können erahnen, wie sich dann ein Sterbender fühlt: Er hat keine Sicherheit mehr, wenn er kein Vertrauen in etwas Größeres entwickelt. Wenn wir aber eine Weltanschauung oder einen Glaube formulieren, gewinnen wir eine so starke Intensität, dass es uns als Sterbende leichter fällt in Frieden hinüberzugehen. Diese Intensität im Glauben, die wir als Sterbende entwickeln, zu Lebzeiten angewandt, würde unsere Entwicklung immens beschleunigen und wir würden zu völlig neuen Einsichten kommen.

Eine weitere Bürde kann das schlechte Gewissen sein. Im Leben können wir vieles verdrängen oder auf die lange Bank schieben. Wenn wir aber sterben, bricht alles mit einer Wucht und Intensität über uns herein, dass wir ganz verzagt werden können. Sich mit seinem Gewissen auseinanderzusetzen ist wichtig, denn im Tod wird es uns gespiegelt.

Wenn wir im Leben schon lernen unsere Vergangenheit zu heilen, die ungelösten Gefühlskonflikte weitgehend zu lösen und erkennen, wie und warum wir an Gewohnheiten, Dingen und Menschen anhaften, haben wir viel gewonnen und werden schon jetzt freier von unseren Konditionierungen werden und den Tod gelassener, vielleicht sogar interessiert entgegen sehen.

Tod und Buddhismus

Der Tod nimmt im Buddhismus eine zentrale Rolle ein. Er beeinflusst das gesamte buddhistische Leben und ist Gegenstand vieler Meditationen und geistiger Übungen. Nur wer auf den Tod gut vorbereitet ist, versteht es auch sinngerechter zu leben und den Tod und seine Durchlaufphasen – den *Bardos* - als Möglichkeit zur Befreiung zu verstehen. *Bardo* meint jenen Zwischenzustand oder auch Übergang, der sich auftut, wenn wir physisch und psychisch von einem Zustand in den nächsten übergehen.

Es gibt im Wesentlichen vier *Bardos*: Das *Bardo* des Lebens, das *Bardo* des Sterbens, das *Bardo* des Lichtes und das *Bardo* des Werdens. Im Prinzip durchlaufen wir jedoch fortwährend *Bardos*, es sind die Grenzgänge in unserer Biographie bzw. die Krisen, die wir erleben.

Man kann sich den Sinn eines *Bardos* folgendermaßen denken: Stellen wir uns vor, wir stehen vor einem tiefen Abgrund und drohen dort hinein zu stürzen. Was jetzt über uns hereinbricht, ist ein ganz fundamentales Gefühl: Die nackte Todesangst. Dieses Gefühl gehört zu unseren Urinstinkten und verbindet uns mit dem kollektiven Unbewussten des Menschen. Evolutionsgeschichtlich sind diese Urinstinkte im kollektiven Unbewussten verankert, auf die jeder Mensch zurückgreifen kann.

Aber neben diesem Gefühl tut sich auch etwas anderes in uns auf: Das Gewahrwerden über den Tod und alles, was vorher in unserem alltäglichen Bewusstsein war, ist mit einem Mal verschwunden. Wir sind im gewissen Sinne von unserem alltäglichen Bewusstsein augenblicklich „geleert" und in diese Leere können wir eingeführt werden: In die essentielle Natur unseres Geistes. Das ist das Ziel des **Bardos**: Die Befreiung von unserem gewöhnlichen Geist mit all seinen Verblendungen, mit dem Ziel Erleuchtung zu erlangen. Diese „krisenreichen" Momente sind intensiver aufgeladen als irgendein anderer Zustand, weil es alles Alltägliche unterbindet, was zwischen uns und dem grundlegenden Geist liegt.

Ein Buddhist durchläuft meditativ die verschiedenen Stadien des Todes, um so weit auf ihn vorbereitet zu sein, dass er im Nachtodzustand Befreiung vom Rad der Wiedergeburten erlangt. Denn der Nachtodzustand ist stets ein Grenzweg zwischen den eigenen Projektionen und der essentiellen Natur des Geistes.

Dieser Geist wird auch Grund-Lichtheit genannt, und dieser stellt aus unserer Sicht das Urlicht dar, aus dem alles heraus entstanden ist. Viele Menschen haben bereits die Erfahrung mit dem Urlicht gemacht, durch bewusstseinserweiternde Übungen oder eben durch Nahtoderlebnisse. Es ist das Licht, auf das wir treffen, wenn wir sterben.

Nach buddhistischer Auffassung kann der Tote in dieses Urlicht nicht eintreten, wenn er seine wahre Natur nicht erkannt hat und sein gewöhnlicher Geist noch verblendet ist. Buddhisten vollziehen daher eine lebenslange Praxis, um gut auf den Tod vorbereitet zu sein und ihren gewöhnlichen Geist zu transformieren.

Es gibt im Wesentlichen drei Verblendungen, die Buddhisten sagen dazu „Drei Geistesgifte", die uns hindern befreit zu werden, um in das Urlicht einzutreten: Begierde, Unwissenheit und Hass, aus denen heraus sich alle möglichen Konstellationen unserer negativen Handlungen ergeben. Im Buddhismus gibt es insgesamt zehn solcher negativen Handlungen, die in etwa vergleichbar mit den zehn Geboten im Christentum sind.

Die Wurzel dieser Verblendungen ist das Greifen nach unserem Ich, das nach buddhistischer Auffassung „Maja" – eine Illusion ist und auch der Grund, warum wir überhaupt Mensch geworden sind. Solange wir an unserem Ich hängen, können die Verblendungen nicht gelöst werden und das Ich ist daher die Wurzel allen Leidens und der Grund, warum wir ans Rad der Wiedergeburt gebunden sind. Hat der Mensch dies erkannt, kann er mit speziellen Übungen die Natur seines Geistes erfahren, der uns im Tod offenbart wird. Nur wer sein Wesen vollkommen transformiert hat, kann mit diesem Urlicht verschmelzen.

Da wir aber noch karmisch gebunden sind, sind wir gezwungen wieder zu inkarnieren, um uns seelisch weiterzuentwickeln, bis wir letztendlich in der Lage sind unseren gewöhnlichen Geist aus *Samsara*, der Welt der Illusionen, zu befreien. Dazu müssen wir unser Karma vollständig ausschöpfen, dass uns nichts Zwingendes wieder in eine neue Wiedergeburt treibt.

Im Tibetischen Totenbuch werden die einzelnen Todesbereiche detailliert beschrieben. Unserem westlichen Denken erscheint diese Lehre eher fremd, und auch von den Nahtodforschungen unterscheidet sie sich mitunter sehr. Die Vermutung liegt nahe, dass die Erlebnisse im Tod zum Teil von dem bestimmt werden, welchen Glauben bzw. welche Lebensanschauung der Mensch zu Lebzeiten formuliert hat. Natürlich können sich einzelne Teile auch miteinander vermischen. Die Nahtoderfahrungen haben jedenfalls nur eine Dauer von Minuten, während sich die Todeserfahrungen über einen unbestimmt langen Zeitraum erstrecken können.

Der Buddhismus geht von 49 Tagen im *Bardo* aus, obgleich er betont, **dass es vielmehr einer Qualität als Quantität entspricht.** Die 49 Tage untergliedern sich in 7 mal 7 Phasen, in die der Sterbevorgang siebenmal wiederholt wird. Ist diese Zeitspanne erschöpft, befindet sich das Geistselbst in einer Art Wartezone, bis eine neue Wiedergeburt erfolgt.

Die 7ner Zahl kommt wieder zur Erscheinung in den 42 friedvollen und in den 49 zornigen Gottheiten, die der Seele erscheinen. Erkennt der Betreffende nicht, dass es seine eigenen Projektionen sind, vertut er seine Chance auf Befreiung und wandert weiter.

In den meisten Fällen aber gibt es nach dem Sterben eine Phase der Bewusstlosigkeit. Nach dieser Phase nimmt der Verstorbene einen Geistkörper an. Dieser ist hellsehend, hellwahrnehmend und kann sich mit Gedankenenergie fortbewegen.

Wir befinden uns noch in der irdischen Sphäre und halten uns in unserer alten Umgebung und bei vertrauten Menschen auf. Oft kann die Seele vom irdischen Leben, ihren alten Gewohnheiten und ihren Hinterbliebenen nicht richtig loslassen - *der Grund für eine erdgebundene Seele.*

Dann erfahren wir die vier Elemente in Form von gewaltigen Stürmen, Feuersbrünsten, Krachen und Donnern, die uns hin und her treiben. Dabei tun sich drei Abgründe auf, die den drei Geistesgiften entsprechen, in die wir drohen hinein zu stürzen. Je nach dem, welches Karma wir angesammelt haben, erfahren wir *die Bardos* als glückselig oder von furchtbaren Kreaturen gejagt.

Die nächste einleitende Phase ist die des Totengerichts, in dem unser Leben betrachtet und beurteilt wird. Dabei sitzen wir zugegen, und an unserer Seite befindet sich ein Lichtwesen, das unsere guten Taten, und ein Dämon, der unsere schlechten Taten zeigt. *Dies wird in Form von schwarzen und weißen Kieseln aufgewogen und der Herr des Todes fällt ein Urteil über uns.* Ist unser Karma schwerwiegend, erleben wir in eine niedere Wiedergeburt und werden von dem Dämon hinweg geschleift.

Dieser Dämon beinhaltet gewöhnlich unser schlechtes Gewissen. Wenn Menschen über kein Gewissen verfügen, *findet es trotzdem Anwendung,* weil alle Taten mit dem Körper und dem Geist gespeichert und festgehalten werden - auch Dinge, an die wir uns nicht mehr erinnern. Hier gibt es Parallelen zum alten Ägypten.

Im Totengericht der Ägypter werden die guten und schlechten Taten mit einer Waage aufgewogen. Das Herz des Toten wird auf die eine Waagschale gelegt und eine Feder – also das Gute – auf die andere Schale. Ist das Herz schwerer als die Feder, wird die Seele von einem krokodilartigen Dämon verschlungen und gelangt so in die Unterwelt.

Die Wahl der Wiedergeburt im Buddhismus wird zwar von dem Karma bestimmt, das wir zu Lebzeiten angesammelt haben, und doch hat man noch einen gewissen Einfluss darauf – durch die Macht unserer Gedanken. *Im Tod wirken sie gestalterisch auf uns ein und je nach Gewohnheit neigen wir zu bestimmten Gedanken.*

Zu Lebzeiten bekommen wir die Auswirkungen unserer Gedanken nicht zu spüren – hier im Tod werden sie unmittelbar zu Wirklichkeit. Dabei betonen die Lehren, dass das, was auch immer uns erscheint, Projektionen unseres eigenen Geistes sind. Da wir aber zu leicht in unsere alten Gewohnheitsmuster zurückfallen und die Tendenz haben in bestimmter Weise zu denken, erkennen wir das Potential unserer Gedanken nicht und halten die sehr echt wirkenden Erscheinungen für real. Der Buddhismus betont auch, dass unsere geistige Haltung beim Sterben einen großen Einfluss auf die Erlebnisse der Seele nach dem Tod hat. Haben wir eine heilvolle geistige Ausrichtung, begünstigt dies erheblich unser Schicksal nach dem Tod.

Wir bekommen Visionen von unserer nächsten Wiedergeburt, in der es im Buddhismus sechs Bereiche gibt: Götterbereich, Halbgötter, Bereich der Menschen, Tiere, Hungergeister und Hölle. Diese entsprechen unserer Wesensart und sind das Ergebnis unseres Karmas.

Die Hölle untergliedert sich ebenfalls in verschiedene Stufen. Der Buddhismus weist uns dabei auf die vielen heißen und kalten Höllen hin, je nach Schweregrad unseres Karmas

Inkarnieren wir uns als Mensch, haben wir die Vision von einem sich liebenden Paar, von dem wir angezogen werden und treten mit der Zeugung in den Mutterschoß ein.

Der Grund, warum wir hier auf der Erde sind

Im Tod erfahren wir nicht nur das gesamte Spektrum unserer seelisch/geistigen Entwicklung, sondern auch das ganze schöpferische Geheimnis von allem, was ist und was noch sein wird. Wir kehren praktisch zu dem Punkt zurück, wo alles begann, wo der Urgrund sich regte und bewegte. Sie können es Gott nennen, Brahman, göttliche Schöpferkräfte u. s. w. Sie erleben stets das, woran Sie *glauben.* Für die Christen gibt es einen christlichen Himmel, für die Buddhisten einen buddhistischen Himmel u. s. w. Unser Kulturschatz, unsere Religion und unser Glauben prägen den Nachtodzustand ganz erheblich. Was *Sie prägt und woran Sie glauben,* das nehmen Sie mit, und so werden Sie den Tod erfahren.

Das Leben in seiner Vielfalt ist schon ein Geheimnis in sich selbst. Die Wissenschaft untersucht hier die Funktionalität, Wirkung und Ursache und stößt zum Kern vor: Die Energie, die der Materie und allem Leben zugrunde liegt.

Schauen Sie sich um, alles, was Sie sehen, besteht aus Energie: Es sind die atomaren Verbindungen, die je nach Zusammenspiel unterschiedlich „schwingen". Feste Materie schwingt relativ langsam, deshalb nehmen wir keine Bewegungen wahr. (Denken Sie z. B. an Holz, das sich verziehen kann). Lebensformen, die in ihrer Entwicklung progressiv voranschreiten, schwingen immer höher. So hat die Sonne die höchste Schwingkraft und somit die größte Energie, die unser Leben speist. Was hinter der

Energie steckt ist die *Idee*, denn alles, was existiert, weist in seinem Zusammenspiel Logik auf und bildet einen Kreislauf. Es ist in diesem Sinne eine Intelligenz, die dahinter steht, denn der Mensch ist außerstande solch eine immense schöpferische Kraft selbst zu bewirken und alles dem Zufall zu überlassen ist ein Armutszeugnis. Wenn dem so wäre, würde alles ins Chaos fallen. Alles weist einen Sinn auf, alles bildet einen Kreislauf und fasst ineinander, wie in der Natur, so auch beim Menschen. *Es steht tatsächlich eine Intelligenz dahinter.*

Die Welt und die Menschen, die wir jetzt sind, ist eine Kulmination vorangegangener Ursachen und Bedingungen, und wir treffen heute Entscheidungen und setzen Ursachen, die wir morgen als Wirkung vorfinden werden. Die Seele entwickelt sich mit jeder Inkarnation und bei den Buddhisten heißt es, dass ein spirituell hoch verwirklichter Mensch Buddha am nächsten ist und ein vorwiegend instinkthafter Mensch kurz über den Tieren steht.

Der Mensch macht eine seelische/geistige Entwicklung durch und *sein Wesen, mit all den Eigenheiten, die es ausmachen, gleicht einer Momentaufnahme seiner gegenwärtigen Entwicklung.* Das macht Reinkarnation unabdingbar, denn wir lernen nur unter den unterschiedlichsten Konstellationen, um uns immer weiter zu entwickeln, bis wir durch alles, mehr oder weniger, hindurch gegangen sind und durch Erfahrungen innerlich wachsen. Das kann man schwerlich nur in einem Leben erreichen, dies erfordert eine ganze Kette von Inkarnationen.

Im Tod erfahren wir das ganze Gemälde der Schöpfung, die wir hier durch Inspiration und Intuition flüchtig erahnen. Und unser Ziel ist es, *uns hier auf Erden empor zu entwickeln, um uns mit Gott* oder dem göttlichen Ursprung zu vereinen. Die Bewusstwerdung muss hier auf dem irdischen Plan stattfinden, weil wir unseren Weg von subtilen Geistigen in immer dichtere Formen bahnten. Und die Materie ist Ausdruck des Geistigen. Es ist wie ein Prägedruck für die geistige Welt, was in der irdischen Sphäre erreicht wird. Nur auf der Erde sind Veränderungen möglich. Im Tod wird *angewendet, was Sie im Leben an Erfahrungen gesammelt haben.*

Die Schwingungen der geistigen Welt im Tod liegen *weitaus* höher als die der irdischen Welt. Und wir haben uns durch den Aufenthalt in der irdischen Sphäre gröbere Eigenschaften angeeignet, die zur geistigen Sphäre in Diskrepanz stehen. Eigenschaften wie Begierde, Anhaftungen, Leidenschaft, Hass, Unwissenheit u. s. w., die wir nur hier ablegen können. Denn diese hindern uns ganz empfindlich in den Sphären höher zu steigen. Wir steigen im Tod zwar höher, aber wir müssen immer wieder zurück, um diese gröberen Eigenschaften endgültig abzulegen. Diese Eigenschaften werden zu Karma, alles was wir angehäuft haben in dieser Beziehung, was sich gegen die göttliche Sphäre konträr stellt, all unsere Taten, hindern uns an der Vereinigung mit dem Göttlichen. Es war *unsere* Entscheidung in die grob subtilen Ebenen hinunter zu steigen, weil wir uns der irdischen Ebene, die uns eigene Erfahrungen ermöglicht, *zugeneigt* fühlten. Eine Form von Begehren, die biblisch gesehen die Erbsünde ist. Aber wir mussten einen hohen Preis dafür bezahlen – *es entriss uns das Leben als himmlischer Mensch,* weil dieser vollkommen leidenschaftslos ist, und bedingt dadurch erfuhren wir Leid. Leid als Ausgleich und Versöhnungsprozess mit der göttlichen Einheit. Denn nur durch Leid werden wir wachgerüttelt aus dem Dornröschenschlaf unserer Selbstumfangenheit, wie auch aus der Verführung jedweder Art und wir entwickeln dadurch etwas ganz Entscheidendes: Mitgefühl.

In diesem Mitgefühl *schwingt der göttliche Funke* in uns. Es war Liebe und Mitgefühl, als Gott seinen Sohn Christus zu uns schickte, Liebe und Mitgefühl als Christus unsere Sünden auf sich nahm. Liebe und Mitgefühl, die Buddha veranlasste Erleuchtung zu suchen. Liebe und Mitgefühl, ohne die wir nicht leben können. Sie sind die Brücke zwischen Mensch und Mensch, zwischen Gott und Mensch, wie ein funkelnder Diamant, der in unseren Herzen leuchtet. Was den Menschen hindert Gott zu erkennen, ist seine beharrliche Selbstsucht, die nur um sich selbst kreist und alle erdenklichen negativen Eigenschaften hervor bringen kann und den Menschen, je selbstsüchtiger er wird, tatsächlich böse machen kann. Dieser Mensch befindet auf eine gefährliche Gradwanderung, denn, was er nicht weiß, dass er sich alles zweifach antut, was er anderen Menschen antut. Im Tod wie im Leben danach.

Wenn wir selbst Gutes erfahren wollen, müssen wir auch bereit sein Gutes zu geben. Dass, was Sie selbst geben, kommt in anderer Weise wieder auf Sie zurück, denn Karma ist wie ein Bumerang: Alles kommt zum Empfänger zurück, wenn die Zeit dafür reif ist. Die Krisenzeiten in unserem Leben sind Knotenpunkte, wo wir auf unser Karma treffen.

Aber nicht alles muss gleich Karma bedeuten, denn die Seele entscheidet sich für bestimmte Lernlektionen, an denen sie reift. Und schwierige Erfahrungen haben nun mal das Potential, dass Sie sich schneller entwickeln als wenn das Leben ohne Höhen und Tiefen verläuft. Sehen

Sie, was Sie aus Ihren schwierigen Zeiten gewonnen haben, wenn Sie diese Erfahrungen konstruktiv umsetzen. Das ist Ihre karmische Aufgabe. Es geht um Ihre inneren Einstellungen, die Sie im Laufe des Lebens ändern.

Es gibt auch die Kehrseite: Stagnation, was gewöhnlich die Weigerung der eigenen Verantwortung ist. Wenn Sie Verantwortung für Ihr Leben übernehmen, und nicht ausschließlich die Schuld anderen geben, haben Sie die Möglichkeit sich kreativ zu verändern und damit ändern Sie auch vieles andere in Ihrem Leben, auch wenn das einige Zeit in Anspruch nimmt. Wenn das Leben nur in einer Gradlinigkeit verläuft, ohne Höhen und Tiefen, versteht man weder den Sinn des Lebens, noch kann man durch jene dunklen Aspekte ans Licht gelangen. Denn beides gehört zur Schöpfung und nur durch die Initiation beider ganz grundlegenden Prinzipien kann man etwas erfahren, was dahinter verborgen liegt: Der Grund, warum wir hier auf Erden sind.

Eine Autobiografie

Im Alter von 15 Jahren machte sich die „andere Seite" bei mir bemerkbar – ich hörte Tonbandstimmen, immer wenn ich meine Kassetten vor- oder zurückspulte. Es waren viele Stimmen, die wirr durcheinander redeten, so dass ich sie nicht verstehen konnte. Und es dauerte nicht lange, bis ich „sie" auch sah: Flirrend hellblaue, leuchtende Punkte, von unterschiedlicher Größe und Beweglichkeit.

Ich wusste, ohne dass ich es mir erklären konnte, dass es Seelen von Verstorbenen waren, und machte mir ein „Hobby" daraus, nachts, wenn die Aktivität am höchsten war, meine „Besucher" herzlich zu empfangen. Und ihre Aktivität wurde immer größer und intensiver.

Da ich mir nicht sicher war, ob das nun Einbildung war oder nicht, lud ich meine damalige Freundin zu mir nach Hause ein, ohne ihr von meiner Beobachtung zu berichten.

Wir saßen also im meinem Zimmer und ich schaltete das Licht aus, und schon waren „sie" da. Meine Freundin erschrak so sehr darüber, was sie bei mir sah, dass sie aus dem Zimmer floh und danach nichts mehr mit mir zu tun haben wollte. Sie sah also das Gleiche wie ich. Ich konnte mit der anderen Seite nicht kommunizieren, ich sah sie lediglich.

Bald bildeten sich aus den Punkten in den verschiedensten Größen immer mehr Gebilde heraus, unförmig und schemenhaft, aber sie formten sich immer deutlicher zu einem Gesicht. Erst ganz verschwommen und von mir entfernt, kam es langsam auf mich zu. Umrisse eines Kopfes konnte ich heraus erkennen. Doch dann entwickelte sich, zu meinem großen Entsetzen, eine furchterregende Fratze vor mir aus dem Nichts heraus. Und zack – der Lichtschalter war an und die Fratze, Gott sei Dank, wieder verschwunden.

Was war das? Ein böser Geist oder ein Dämon? Die Angst steckte mir förmlich in den Knochen, dass ich nachts immer das Licht anließ und mich unter meiner Bettdecke verkroch. Ich hörte Schritte durch mein Zimmer gehen, die vor meinem Bett stehen blieben, und sich dann wieder von mir entfernten. Wenn ich meine Augen schloss, sahen mich böse Augen an. Ich schwor mir nie wieder dieses „Hobby" zu kultivieren und verdrängte es. Bis ich mit 17 Jahren einen ganz eigenartigen Traum hatte:

Es ist der Abend einer großen Gala. Ein prachtvolles Gebäude, festlich geschmückt. Die Herren fein im Abendanzug, mit Pomade zurückgekämmten Haar, die Frauen elegant in Robe. Es ist die Zeit um 1925.

Mir ist nicht wohl und ich trete auf die weite, weiße Veranda mit offenem Blick aufs Meer. Der Abend ist lau und ich bin allein.

In einiger Entfernung sehe ich zwei dunkle Gestalten auf mich zukommen und ich erkenne, je näher sie kommen, einen hoch gewachsenen Mann, der völlig in Schwarz gekleidet ist, und ein kleinen dicken, halb nackten Mann – einen Buddha. Ich erkenne in dem Mann den Boten des Todes und in dem Buddha mich selbst wieder. Im Vorbeigehen teilen sie mir mit, dass es bald Zeit ist mich zu holen. Er macht eine Bemerkung, dass ich zuviel rauche.

Abschnitt, das gegenwärtige Leben. Ich bin allein zu Hause, als es an meiner Tür klopft. Ich mache auf und der Bote des Todes mit seinem Diener, dem Buddha, steht vor meiner Tür.

Sie teilen mir mit, dass es nun Zeit ist mich zu holen und der Buddha legt daraufhin seine Hand auf meine Stirn, wo sich das dritte Auge befindet. Ich spüre sobald einen gewaltigen Sog, der mir meine körperlichen Kräfte nimmt. In Angst und Panik versuche ich sie davon abzulenken und frage sie, was mit mir nach dem Tod passiert.

Der Bote des Todes geht tatsächlich darauf ein und der Buddha lässt Hand von mir. Er erklärt mir folgendes: „Im Spiegel deines Angesichts wird ein Urteil über dich gefällt. Alles, was du an guten und bösen Taten verübt hast, wird leibhaftig vor dir treten und Gewalt gegen dich ausüben. Du wirst leiden müssen und unerträgliche Schmerzen erdulden, bis zu äußersten Grenze."

Ich sehe vor meinem inneren Auge, wie ich mich mit anderen in einer Art Folterhöhle befinde. Ich liege auf einer Streckbank und werde von dämonischen Kreaturen gefoltert, die gut drei, vier Meter groß sind. Mich erfasst große Panik.

Ich entgegne, dass es eine natürliche Schmerzgrenze gibt und dass der Tod eintritt, wenn diese überschritten wird. Doch er erwidert nur: „Du bist ja schon tot."

Da mir die Ablenkung gelungen ist, nehme ich die Gelegenheit blitzschnell wahr und flüchte nach draußen.

In der Küche befindet sich meine Mutter. Ich klammere mich an sie und erzähle ihr alles. Ich bitte sie, mich zu beschützen und sie ist damit einverstanden. Ich kann von ihrer Lebensenergie zapfen. Nur muss ich ständig in ihrer Nähe verweilen, sonst holt mich der Tod.

Es vergeht einige Zeit, bis ich tatsächlich alleine bin.

Ich befinde mich gerade im Badezimmer, als ich fühle wie ich langsam meine körperliche Kraft verliere: Der Tod dringt in mich ein, ich kann mich nur noch unsicher auf den Beinen halten und renne in Panik hinaus auf die Straße.

Ich laufe, bis ich zu einer Absperrung komme, dann verlassen mich meine Kräfte und ich sacke in mich zusammen. Ich fühle schon meinen Körper nicht mehr, nur noch ganz schwach kann ich meine Augen offen halten und sehe mit Entsetzen eine Fratze sich mir mit Schwindel erregender Schnelligkeit nähern. Dann verliere ich das Bewusstsein.

Als ich aufwachte atmete ich erst einmal tief durch und sagte zu mir selbst: Ich lebe wieder.

Aber was war das für ein Traum? Ein unvermeidliches Schicksal? Sterbe ich bald und komme in die Hölle? Und warum, was habe ich getan?

Mit 17 Jahren hatte ich noch gar keine Ahnung von Spiritualität, geschweige denn, dass ich darüber Bücher gelesen habe. Der Traum löste einerseits Entsetzen und anderseits wuchs mein Interesse am Tod.

Was hatte es mit dem Tod auf sich? Die Fratze im Traum habe ich schon einmal gesehen, damals bei mir im Zimmer, war es ein Fatum? Ich wusste mir einfach keinen Rat und meine Gedanken drehten sich im Kreis: Ich kann weder leben, noch sterben – ich kann nur verrückt werden vor Angst.

Ich erzählte den Traum meiner damaligen Erzieherin und sie war erstaunt über meinen Traum, denn sie las gerade das tibetische Totenbuch, dessen Inhalt zu meinen Traum Parallelen aufwies:

„Das Leben wird in einem Spiegel des Karmas bewertet. Zugegen sitzt der Herr des Karmas, dessen Urteil über das weitere Schicksal der Seele entscheidet. Fällt das Urteil negativ aus, wird sie von einem Dämon verschleppt, der die Seele der Hölle überführt. Schreckliche Kreaturen machen sich über die Seele her und foltern sie, dass das Leiden einen ewig erscheint."

War ich zur Hölle verdammt? Die Interpretation des Traumes gelang mir erst viele Jahre später:

Meine Lebensumstände zu der Zeit des Traumes waren äußerst schwierig. Ich war vom Jugendamt in einer betreuten WG untergebracht, denn ich habe früh das Elternhaus verlassen. Der Kontakt zur Mutter war vorübergehend abgebrochen und ich hatte Wochen zuvor versucht zu sterben, weil ich nicht mehr leben wollte, aber eine Stimme sagte zu mir: „Du kannst noch nicht sterben, du hast noch eine Aufgabe zu erfüllen."

Dass ich in dem Buddha mich selbst erkannte, ist ein Hinweis, dass die Buddhanatur in des Menschen Geist selbst verborgen liegt. Für manche ist es Christus – der *Christusimpuls* in uns. In einer seiner Sitzungen sagte Edgar Cayce, dass Christus nicht nur eine Person war, sondern dass er vielmehr ein *Zustand* ist.

Der Traum war zweifelsohne eine Initiation, die eine Nahtstelle von mein vorherigen Leben zum Jetzigen aufweist und eine Warnung, die wirklich zog: Mir nicht das Leben zu nehmen, denn ich war so manches Mal kurz davor.

Als ich mir einmal das Leben nehmen wollte, sah ich in der Luft sich Umrisse abzeichnen von den Boten des Todes und dem Buddha, das ich aus Angst davor von meinem Vorhaben abgelassen habe.

Selbstmord bringt keine Erlösung des Zustandes, aus dem man fliehen möchte, denn man befindet sich in demselben Zustand, wenn man sich das Leben genommen hat. Nicht nur das, man muss, geht man vom Buddhismus aus, den Akt des Selbstmords im Tod immer wieder vollziehen und den Zustand vor dem Selbstmord findet man im Tod wieder vor, nur noch intensiver. Es ist zwar hart, aber Selbstmord löst keinerlei Probleme. Die Dinge ändern sich, es bleibt nie so wie es ist und man hat nur die Wahl durch diese Krise hindurch zu gehen und es wird auch wieder besser, auch wenn man in diesem Tiefpunkt keinerlei Licht mehr sieht – *es geht vorüber.*

Im Laufe der Jahre erinnerte ich mich bruchstückhaft an meine früheren Leben und ich fühlte mich magisch angezogen von den 20er Jahren, in denen ich gelebt hatte.

Wie einzelne Puzzleteile fügten sich die Erinnerungen zusammen: Im Vorleben war ich eine Schauspielerin gewesen, die trunkenhaft und boshaft war und sich der Magie verschrieben hatte. Sie hatte ein äußerst suggestives Wesen, aber verlor, weil sie keine Grenzen hatte, immer mehr ihre Menschlichkeit, indem sie auf andere Macht ausübte, um sich selbst zu erhöhen - im Besonderen durch die Ausübung von Magie. Sie verletzte damit ungeschriebene Gesetze und andere Menschen.

In diesem Leben spiegelt mir meine sehr boshafte Mutter meine vergangene Persönlichkeit wider und indem ich darunter litt, trat eine Wendung ein: Ich transformierte mich zum Guten hin. Dieser Prozess dauert aber lange, denn alles was in meinem Vorleben das Ich erhöht hat, wurde im meinen jetzigen Leben erniedrigt. Wurde mir mit diesem Leben eine Chance gewährt, es wieder gut zu machen, durch die vielen Krisen, durch die ich gehen musste?

Der Todesmoment der Schauspielerin war Lungenversagen durch Erstickung. Und die Umstände des Todes spiegelten sich in diesem Leben wider, als ich als Baby lange Zeit chronische Bronchitis mit Erstickungsanfällen hatte.

Die Umstände des Todes sind nicht nur bestimmend für das Leben nach dem Tod, sondern sie tauchen in der Geburtsphase und der frühen Kindheit wieder auf. Das ist zum einen die Erklärung, warum Kinder ernsthaft erkranken, zum anderen ist es Karma, dass das Kind und die Eltern betreffen.

Als ich geboren wurde, hatte sich die Nabelschnur um meinen Hals gelegt und mir die Sauerstoffzufuhr blockiert. Das ist ein Hinweis auf den Todesmoment im letzten Leben.

Ich fühle, dass ich in der Hölle war, denn ich sah mich von schrecklichen Kreaturen umgeben, die mich folterten. Und es waren viele Seelen dort, an jenem schrecklichen Ort, durch den ein grauenhaftes Schreien ging. Und als ich alles abgebüßt hatte, löste sich die ganze Szenerie, mit all ihren erschreckenden Kreaturen, wie im Nebel vor mir auf.

Die bestialischen Foltermethoden in der Hölle glichen denen im Mittelalter, nur waren sie sehr viel grausamer. An dieser Stelle möchte ich betonen, das es die Folter erst in der Hölle gibt, denn alles, was es in den geistigen und höllischen Sphären gibt, findet später auch seine Entspre-

chung in der materiellen Welt – wie damals die Foltermethoden im Mittelalter. Und noch heute gibt es Folter in der
Welt. Es gab noch weitere, untere Höllen, durch die ich
später astral Zugang fand.

Meine Mutter nahm eine besondere Stellung im Traum
ein: Ich musste in ihrer Nähe weilen und von ihrer Lebensenergie zehren, damit der Tod mich nicht holen konnte.

Das bedeutete, dass ich karmisch an sie gebunden war:
Ich *musste* selbst erleiden, was ich anderen im Vorleben
angetan hatte. Zum Anderen wendete sie auch magische
Praktiken an mir an: Sie band mich an sich und suggerier-
te mir als Kleinkind dabei, dass ich nicht ohne sie leben
konnte. Aber ich musste *sie* überleben, ihren Hass und
ihren Zorn, den sie an mir abreagierte. Anderseits band sie
ein Karma an mich, denn in einem meiner Vorleben war
sie für einen Mord an mir verantwortlich und ihr karmischer Auftrag war es mir Leben zu ermöglichen.

Meine Mutter spiegelte all jene boshaften Eigenschaften
wider, die ich im letzten Leben kultiviert hatte. Durch diese leidvolle Zeit habe ich mein Karma gereinigt und mich
transformiert. Das habe ich aber nur durch die Liebe ge-
schafft. Wäre mir weiterhin in meinem Leben nur Hass
begegnet, hätte es mich entweder vollkommen zerstört
und ich hätte meinen karmischen Auftrag „wieder gut zu
werden" nicht erfüllen können, weil ich möglicherweise
wieder in alte Gewohnheiten zurückgefallen wäre: Ich
hätte dieselben negativen Muster wieder angenommen,
die ich im Vorleben hatte und somit wäre der Alptraum
wahr geworden.

Das Jenseits

Wir sind geistige Wesen, die als Menschen inkarnieren, aber unsere eigentliche Heimat, unsere Urheimat, ist das Jenseits, das sich in verschiedenen geistigen Ebenen untergliedert. So ist der Tod der Tag der Seele, denn die Seele befreit sich aus der Schwere der Materie.

Im Jenseits, nach der Läuterungssphäre, entfaltet sich die Seele im vollen Umfang, so groß, dass sie vollends in das Universum eintaucht. Sie wird eins mit dem Universum, eins mit der Offenbarung, eins mit Gott. Sieht mit Gottes Augen, weiß um ihn und seine Schöpfungen. Sie wird erleuchtet und erlebt die ganze Schöpfung von Ursprung an, bis jetzt und über alle Grenzen hinaus. Aber in Wirklichkeit gibt es keine Grenzen mehr. Alles ist grenzenlos und eins und das alles gleichzeitig, denn so etwas wie Zeit gibt es im Jenseits nicht. Mystik und Poesie erhaschen einen winzigen Hauch davon, vom Erleben der kosmischen Seele. Unsere Kleider sind aus Sternenlicht gemacht und in unserem Antlitz spiegelt sich die göttliche Offenbarung wieder. Gottes Wesen und seine inneren Bewegungen fließen uns wie eine himmlische Fontäne an Inspirationen zu. Alles ist miteinander verwoben. Gedanken gibt es nicht, es gibt so etwas wie eine glasklare Intuition. Was ein Wesen auch immer bewegen mag, erfahren andere, als wäre sie das Wesen selbst. Eine große Einheit umfasst alle. Und dennoch sind sie kleine Einheiten unter vielen, zusammen geflochten in einem gigantischen

Netzwerk, die ihre Impulse von einem zum anderen hinüber wogen. Und jede dieser kleinen Einheiten arbeitet am Schöpfungsplan Gottes mit, gemäß nach seinen Gaben und seiner momentanen Entwicklung, was ihn mit großer Wonne und Glück erfüllt. Wir sind hier keine Individualisten mehr, kein Ich grenzt uns mehr von den anderen ab. Und trotzdem gibt es eine Art Selbstgefühl.

Wir waren Bewohner der geistigen Welt und kehren immer wieder zu unserem Ursprung zurück, wir kommen nach Hause (Zur Vertiefung empfehle ich Ihnen mein Buch: „Vom Schicksal der Seele – Die Entwicklung der Seele und des Ichs aus ganzheitlicher Sicht.").

Vor urferner Zeit inkarnierten wir auf der Erde, jedoch zunächst nur mit unserem Astralleib, der der Träger unserer Seele ist. Erst später nahmen wir einen Ätherkörper und schließlich einen materiellen Körper an. Einerseits aus kosmischer Entwicklung heraus, anderseits aus eigenem Antrieb, der für viele die Erbsünde darstellt.

Der Astralleib, auch Begierdenkörper genannt, ist das Bindeglied zwischen der Materie und dem Geist. Der Begierdenkörper ist von Verlangen erfüllt, ist unser Greifen nach dem Ich, sind die drei Geistesgifte: Hass, Begierde und Unwissenheit und der Träger unserer Emotionen. Der Begierdenkörper kommt im Jenseits in die Astralebenen. Die Buddhisten bezeichnen die Astralebenen als Kamaloka (Begierdenwelt). Hier reinigen wir unsere Eigenschaften. Einige vergleichen das Kamaloka als Fegefeuer, das ist irreführend. Das Fegefeuer wurde im frühesten Mittelalter von der Kirche eingeführt, es steht nichts davon in der Bibel. Die Vorstellung vom Fegefeuer ist kirchlich einfach belastet. Gleichwohl wird aber das Kamaloka als Läuterungsebene bezeichnet. Die Erlebnisse im Kamaloka können durchaus dramatisch sein, je nach dem, was wir im Leben angehäuft haben an gröberen Eigenschaften, wie Begierden, mit all möglichen daraus resultierenden Handlungen und Anhaftungen.

Bei Süchten, gleich welcher Art, ist die Abtragung immens. Ein brennendes Verlangen verzehrt Sie vollends, sie verkrümmen und verkrampfen sich geradezu vor Verlangen. Wobei zu betonen ist, dass diese Begierde um das Vielfache stärker empfunden wird als zu Lebzeiten. Warum ist das so? Es ist so, weil die geistige Welt eine viel höhere Schwingung als die materielle Welt aufweist und daher die Intensität eine viel stärkere ist als zu Lebzeiten.

Sie erleben die Begierdenglut, ja, sie können sogar von niederen Wesen gequält werden. Ich träumte diesbezüglich von einem Feuerwesen, das Seelen quält, die stark begierdenreich waren, und dass der Begierdenkörper durch Süchte anschwillt, den man im Tod abzutragen hat. Das kann durchaus schwierig sein. Denn im Tod gehören die Emotionen und Gedanken, die wir vornehmlich gehegt haben, bestimmten Bereichen im Jenseits an. Diese rufen skurrile Gestalten hervor, die wiederum auf uns einwirken. Sie können verschiedene Formen annehmen, wie Feuersbrünste, Tosen, Donnern, Stürme und vielerlei Gestalten, wie Tiere oder Schreckgespinste. Das liegt daran, dass der Entwicklung der Gedanken geistige Ideen und Bewegungen höherer Wesen zugrunde liegen, die viel später in die Entwicklung der Menschen mit einflossen, wodurch sich das Ich-Gefühl überhaupt erst entzündete. Das Ich-Gefühl ist eng mit unseren Gedanken verbunden.

Der Mensch färbt seine Gedanken und Emotionen durch seine Konditionierung, seine Gewohnheiten und

Eigenart ein, verzerrt so aber unweigerlich ihre inne wohnende geistige Kraft. Und da in der geistigen Welt alles gestalterisch ist, treten ebensolche Kräfte an den Menschen heran, der sie hervorgerufen hat. Nehmen wir beispielsweise Hass – wie schrecklich muss diese Emotion das Kamaloka wohl kreieren? Alles, wirklich alles kommt zu einem zurück, auch wenn die Wirkung zu Lebzeiten nicht gleich zutage tritt.

So ist es auch mit unseren indirekten Wirkungen, über die wir kein Bewusstsein haben. Auch wenn wir Dinge unterlassen, zeitigt dies Wirkungen.

Nehmen wir das Fleischessen. Verzehren Sie Fleisch, haben Sie eine indirekte Beteiligung an dem Leid der Tiere. Die Qualen und Todesangst der Tiere nehmen Sie in sich auf und sie werden im Tod mit dem Resultat konfrontiert.

So habe ich, als ich noch Fleisch aß, eine Reihe von Träumen über Schweine gehabt. In diesen war ich im Meer von toten Schweinen umringt und habe geschrien. Ich habe die Empfindungen der Tiere bei ihrer Schlachtung gespürt, wie sie entsetzliche Angst vor ihrer Hinrichtung hatten. Wie sie bei ihrer Haltung gequält werden, wie ihre blutenden Leichnahme geteilt und gekocht werden. Ein unendliches Leid habe ich gespürt, aus der Empfindung der armen Tiere heraus. Auch Pelzträger werden das Leid der Tiere fühlen, als wären sie das arme Tier selbst. Ich habe geträumt, wie übergroße Fische gegrillte Menschen auf ihren Tellern hatten und sie aßen. Der Buddhismus erwähnt dazu, dass z. B. die Angler im Tod von monströsen Fischen gejagt werden. Alles hat eine Wirkung, selbst die Gedanken. Wer Tiere gar quält und ausbeutet, kommt direkt in die Hölle, denn Tiere sind entwicklungsgemäß unsere jüngeren Geschwister, die irgendwann einmal als Mensch inkarnieren werden. Viele von uns waren in der Entwicklung selbst einst ein Tier. Ich habe dazu geträumt, wie ich vor urferner Zeit einen langen Rüssel hatte und mit großer Freude im Wasser geplanscht habe. Wir gehen durch alle Inkarnationen und Erfahrungen mehr oder weniger durch, um einmal ein Meister der Welt zu werden und wieder in den Urgrund einherzugehen.

In der jenseitigen Welt wissen wir um alle unsere Inkarnationen und blicken auch auf unsere zukünftigen, denn das allumfassende Wissen umschließt uns. So wissen Seelen auch darum, wenn Sie abgetrieben werden sollen.

Abtreibung ist aus geistiger und buddhistischer Sicht etwas Schlimmes, denn aus der Befruchtung sollte einmal ein Mensch werden. Im Tod werden wir damit konfrontiert, wir erleiden die Abtreibung an uns selbst, mit all den Todesängsten, die die abgetriebene Seele durchleben musste. Die abgetriebene Seele fällt danach in einen deprimierten Zustand der völligen Erschöpfung. Denn der Einzug der Seele geschieht bereits mit der befruchteten Eizelle. Ich habe dazu meine Mutter in ihrem pränatalen Zustand zurückgeführt: Sie schilderte, dass sie ein kleiner Punkt im großen Wasser sei und alles wäre schön warm. Sie fühlte sich geborgen, beschützt und eine große Wonnigkeit durchwogte ihre kleine Seele.

Ich möchte mir an dieser Stelle kein Urteil bilden, da ich selbst abgetrieben habe, Fisch esse und rauche. Mir besteht diese Tatsache ebenso bevor wie anderen auch.

Wir müssen für alles die Konsequenzen tragen und das spätere Karma kann hart ausfallen. Karma ist hart, unbestechlich, aber gerecht; es zahlt eins zu eins zurück. Aber niemand bekommt mehr, als er tragen kann. Zudem gibt es die Gnade, die uns widerfahren kann, wenn wir nicht mehr können. Ja, ohne Gnade könnte die Seele gar nicht in ihrer Entwicklung voranschreiten. Nur im Tod, bei unserem Gericht, das über uns gehalten wird, wiegen die Taten gewichtiger als die Gründe, die zu einer Tat oder Unterlassung geführt haben. So habe ich es geträumt und ich träume viel über die geistige Welt, im Besonderen über die Hölle.

Die Hölle

„**D**ie Hölle ist unwahrscheinlich heiß. Nonnen steigen hinab, um Seelen zu erlösen."

„Ein Mann wird in einen Kessel voll kochendem Wasser gelassen, in einem Foltergewölbe, in dem sich viele Seelen befinden und fürchterlich gepeinigt werden. Schreie, Hitze und Gestank durchziehen die Hölle. Ich sehe eine schwarze Ebene, über die zerstückelte Körperteile liegen."

„Im Folterungsgewölbe hängen verkohlte Seelen in Käfige gefangen. Sie werden immer wieder in einen Hochofen geschoben."

„Menschen werden die Gedärme herausgerissen."

„Es gibt Seelen, die gemäß ihrer Verfehlungen einmal durchs Feuer gehen müssen, während andere immer wieder und wieder dort hindurch getrieben werden."

„Man wähnt sich hier in trügerischer Sicherheit - der Tod ist die reinste Tortur. Seelen, die sich schuldig gemacht haben, fahren in die Hölle. Ich sehe, wie zwei Seelen hinunter geführt werden, durch deine Tür. Sie büßen ihre Sünden in einer Feuersbrunst. Wenn den Seelen aber von ihren Opfern vergeben wird, werden sie schneller von ihren Torturen erlöst. Die Sünden müssen getilgt werden, damit die Seelen sich reinigen, um höher steigen zu können. Die Seele kommt dann an einen Spiegel der Wahrheit vorbei, in dem ihr Leben beurteilt wird. Zugegen sitzen ein Dämon, der die schlechten Taten zeigt, und ein Lichtwesen, das die guten Taten zeigt. Die Seele erlebt die Wirkungen ihrer Taten auf andere nun an sich selbst. Es fühlt deren Gefühle und Verletzungen, die es verursacht hat."

„Seelen werden mit siedend heißer Erde zugedeckt, um ihre Sünden zu büßen."

„Eine Seele fährt in die Hölle und erinnert sich: „Ich war hier schon einmal."

„Beim Eintritt des Todes gibt es ein weites Feld, durch das die Seelen ziehen. Jene, die sehr böse waren, kommen sofort in die Hölle, während sehr gute in den Himmel kommen. Diejenigen, die sich größerer Verfehlungen schuldig gemacht haben, werden hier im Jenseits nochmals einer Prüfung unterzogen, dessen Verlauf über ihr weiteres Schicksal entscheiden wird. Die Hölle wie der Himmel, haben verschiedene Sphären. Die Hölle hat 7 Schweregrade, vom Minderen bis zum Grausamsten. Sie erscheinen mir in verschiedenen Farbtönen: von Feuergelb bis Blutrot. Die unterste Sphäre ist pechschwarz."

„Wenn eine Seele denkt: ‚Die Torturen sind endlich vorüber', geht alles wieder von vorne los."

„Es gibt Folterungsszenen wie im Mittelalter, nur sehr viel grausamer. Sehe ein Meer von glühender Lava, in das die Seelen gestoßen werden, sie rufen verzweifelt nach Gott."

„Seelen werden in der Hölle in einen großen Brunnen mit glühender Lava gestoßen. Dämonen und Teufels tanzen kreischend um sie herum."

„Eine Seele hat den Reinigungsprozess im Feuer hinter sich und wird nun vor ihrem Richter geführt, der Gott ist. Zugegen sitzen ein Fürsprecher und ein Ankläger, die das Leben der Seele beurteilen. Und die Seele schämt sich zutiefst ihren Taten gegenüber. Das Urteil fällt zugunsten der Seele aus, sie wird wieder geboren."

„Sehe ein riesiges Höllenfeuer: Es tost und braust ohrenbetäubend."

„Die Hölle hat sieben Schweregrade, die in sieben Kreisen angeordnet sind. Im ersten Kreis, der geringfügigsten Strafe, kommen u. a. die notorischen Lügner und Betrüger. Prostituierte (außer Zwangprostitution) kommen ebenfalls in die Hölle."

„Wenn eine Seele ins Jenseits fährt, befindet sie sich zuerst in einer Art Grauzone. Sie wird dann vor einen Spiegel der Wahrheit geführt, in dem ihr Leben und ihre Taten beurteilt werden. Fällt das Urteil negativ aus, kommt sie in einen Bereich der Angst- und Schreckgespinste, der der Vorhof für die Hölle ist. Ist die Seele durch die Hölle gegangen, durchstreift sie ein Feld des Vergessens, sonst würde die Seele von Ihren Erlebnissen in der Hölle so befangen sein, dass sie nicht höher steigen kann. Das Feld des Vergessens führt dann in ein Feld der Erholung. Mit ihr öffnet sich die Sphäre zum Himmel. Auch hier gibt es verschiedene Ebenen, niedrige wie höhere."

„Die himmlischen Sphären sind ebenfalls in verschiedene Ebenen untergliedert. Ich sehe Seelen, die androgyn sind, denn das Geschlecht nehmen sie erst an, wenn sie wieder auf der Erde inkarnieren. Sie leben in einer vollkommen anderen Bewusstseinssphäre, die wir nicht kennen. Ein reiner, nicht ich-hafter, verklärter Zustand vollkommenen Glücksempfindens. Ich sehe engelsgleiche Wesen von überwältigender Schönheit. Als ich nach ihnen greifen wollte, sie festhalten wollte, entglitten sie mir sogleich. Von jeglichem Gefühl und Gedanken soll man frei sein, sie mit erhöhter Wachsamkeit wahrnehmen, ohne sie ergreifen zu wollen. Denn das, was ich dort ergreifen wollte, ist so fein und astralisch, dass es mir sprichwörtlich aus den Fingern glitt."

Ich hielt es für wichtig, die Informationen in meinem Buch mitzuteilen.

Die Hölle und die Läuterungssphäre gibt es wirklich, genauso wie es den Himmel – unsere Urheimat -gibt. Aber keiner ist auf ewig verdammt, denn die Hölle ist eine Durchgangsebene. Und wenn alle schlechten Taten getilgt sind, öffnet sich die Pforte zum Himmel.

Aber nicht jeder kommt gleich in die Hölle. Nur die, die böse waren und/oder schwere Taten verübt haben, ohne jemals eine Reue dafür zu empfinden. Wenn wir Schlechtes unterlassen und gut sind, wirkt sich das auf unser Schicksal positiv aus, auch wenn wir schlechte Taten begangen haben und diese aufrichtig bereuen. Ich kann nur betonen, wie wichtig es ist, gut zu sein und gute Tat zu sammeln, so können wir auf unser Schicksal einen gewissen Einfluss nehmen und es wird sich zu unseren Gunsten wenden. Doch woher stammen diese Träume?

Der Grund ist, dass ich durch eigene Höllenerlebnisse praktisch eine Sensibilität für diese Informationen aus dem kollektiven Unbewussten habe. Bei einer genaueren Überprüfung des Inhaltes des Traumes fand ich Parallelen zum buddhistischen Glauben und zur christlichen Religion, die diese höllischen Erfahrungen spezifisch darstellen. So gibt es im Buddhismus viele heiße und kalte Höllen, die die reinsten Szenarien beschreiben: Die verurteilten Seelen müssen z.B. glühende Lava trinken, werden zerstückelt, der Leib fügt sich aber immer wieder zusammen, um von neuem zerstückelt zu werden. Die Köpfe werden abgerissen, die Haut wird ihnen abgebrannt, mit neuer Haut überzogen, um immer wieder und wieder abgebrannt zu werden, sie laufen über glühende Lava und verbrennen zu einem verkohlten Stück Holz u. s. w. Es ist unvorstellbar grausam, aber es gibt hier auch verschiedene Schweregrade der Pein. Dies ist wohl die tiefste Hölle. Und es geht ein fürchterliches Schreien und Stöhnen durch die Hölle.

Je nach Schweregrad wird die Seele fürchterlich gepeinigt und die Qualen und Schmerzen, die sie erleiden muss, stehen in keinem Verhältnis zu ihren Untaten. Es sind besonders die Seelen, die vollkommen uneinsichtig und böse sind und/oder die schwere Taten verübt haben. Aber auch Hass, der jahrelang genährt wird, treibt die Seele in die höllische Sphäre, so wie starke Lasterhaftigkeit im Sinne von Missbrauch des sexuellen Triebes, alle Abnormitäten und Perversionen. So erfährt die Seele gemäß ihrem Karma den Tod in entsprechender Weise. Es gibt im diesseitigen Leben keine vergleichbare Grausamkeit wie in der Hölle. Wenn wir aber vornehmlich gut waren, erleben wir natürlich keine höllische Version, sondern die himmlischen, wenn wir im Kamaloka unsere irdischen Verhaftungen abgetragen haben.

Bedenken Sie, dass es in Ihrem Wesen liegt, welche Erfahrungen Sie machen werden, und wie schwerwiegend ihre Taten sind. Sie haben zu Lebzeiten immer die Möglichkeit sich zu ändern, und Ihr negatives Karma relativ zu bereinigen. Ihre Bewusstseinshaltung und Ihre Taten sind ausschlaggebend, was Sie erleben werden. Aber niemand, der aufrichtig bereut und seine Tendenz negativ zu handeln unterlässt, ist verloren. Die Qualen in der Hölle, obwohl zeitlich begrenzt, kommen einem wie eine Ewigkeit vor, denn das Leiden verlängert das Zeitempfinden immens, wenn so etwas wie Zeit überhaupt im Tode gibt.

Selbst die gepeinigten Seelen sind nicht einer Ewigkeit verdammt, sondern die Hölle ist ein Ort seine Sünden abzubüßen. Erst, wenn die Seele *einsichtig* geworden ist und alles abgebüßt hat, kann sie diese Ebene verlassen und weiter reisen. Je uneinsichtiger und böser die Seele ist, desto stärker und länger ist die Sühne. Die Schulden müssen gesühnt werden, somit ist die Hölle auch ein Reinigungsort, sonst könnte die Seele nicht in den Himmel eintreten.

Man kann mit bösen Menschen letztendlich nur Mitleid haben, wenn man weiß, welches Schicksal sie nach dem Tod erwartet. Wir sollten Menschen daher nicht verurteilen, denn Christus sagte: „Das Maß, das ihr Menschen anlegt, wird an euch selbst gemessen werden."

Wir haben alle unsere Schattenseiten in uns und auch schlechte Taten begangen. Wenn wir nun andere missbilligen und verurteilen für das, was sie tun und was sie sind, nähren wir in uns selbst nur die Bereitschaft zu Hass. Selbst unseren Peinigern, in Wissen, was sie erwartet, können wir nur vergeben, auch wenn wir nicht vergessen können.

Die Seele muss von ihren höllischen Erfahrungen genesen, indem sie es „vergisst", sonst würden ihre schlimmen Erfahrungen sie so stark belasten, dass sie nicht weiter reisen kann und in einen Zustand der Betrübnis fällt. Sie erfährt nach der Hölle eine Phase der Erholung, denn die Pein nahm ihre gesamte seelische Kraft.

Ich betone, dass die höllischen Ebenen nicht die Läuterungssphäre sind, durch die alle Seelen mehr oder weniger gehen müssen, um sich *umzuwandeln.*

Wieder kommen wir zum Spiegel der Wahrheit, der im Buddhismus mehrfach beschrieben wird. Es kann ein Panoramabild des gesamten Lebens sein, dem wir zugegen sitzen, oft unter Führung von höheren Wesen. Alles, was wir in Ungleichgewicht gebracht haben, wird uns vor Augen geführt. Dabei erleben wir auch die *Wirkungen* unserer Taten auf andere.

Haben wir jemanden Schmerz zugefügt, körperlich oder seelisch, erleben wir diese Pein nun an uns selbst. Dabei werden unsere wahren Motive offen gelegt, aus welchen Beweggründen wir gehandelt haben. Eine unbeabsichtigte, schlechte Tat hat nicht dieselben Konsequenzen wie eine aus niederen Motiven beabsichtigte Tat.

Wiederum bleibt eine schlechte Tat nun Mal eine Tat, die bereinigt werden muss – auch wenn wir es nicht mehr ändern können, bleibt alles gespeichert im universellen Gedächtnis.

Haben wir diesbezüglich keine Anstrengung unternommen eine Lösung im Leben anzustreben, kann die

Wiedergutmachung im Jenseits unendlich viel schwerer ausfallen, besonders dann, wenn keine Reue im Leben empfunden wurde. Daher ist Unwissenheit für die Menschen geradezu verhängnisvoll, genauso wie Verdrängung. Denn das, was wir verdrängen, kommt mit ganzer Wucht hoch, wenn wir sterben, nur dass uns dann die Zeit und die Möglichkeiten fehlen, die Dinge zu berichtigen.

Ihr schlechtes Gewissen wird aktualisiert, wenn Sie sterben, mitunter in einer Intensität, die Sie in große Unruhe und Angst versetzen kann. Sterben Sie dann in dieser Bewusstseinshaltung, projiziert sich das auf den Nachtodzustand, der nach dem Buddhismus das Erleben der Emotion um das Vielfache verstärkt.

Versuchen Sie daher, solange Sie am Leben sind, Ihren inneren Frieden zu finden und scheuen Sie sich nicht vor Auseinandersetzungen mit Ihren schlechten Taten und inneren Konflikten, damit Sie am Ende loslassen können und im Zustand der Gelöstheit hinüber gehen können. Ich wiederhole: Nach dem Buddhismus kann Ihre Bewusstseinhaltung kurz vor Eintritt des Todes Ihr Schicksal im Tod noch relativ gut beeinflussen, wenn sie eine friedvolle Ausrichtung hat.

Nun bleibt eine begangene Tat eine Tat, die bereinigt werden muss, wenn nicht in diesem Leben, dann im Tod. Sie können aber durch ernsthafte und aufrichtige Reue zu einem kleinen Teil bereinigt werden, damit wir nicht ganz massiv die verheerenden Wirkungen im Tod erfahren müssen.

Nach dem Tod, zu Gericht, werden die guten und schlechten Taten gegeneinander aufgewogen. Daher ist es klug, so viele gute Taten wie möglich zu sammeln, damit das Urteil relativ günstig für uns ausfällt und wir die Hölle umgehen können oder eine nur geringere Strafe erhalten.

Mir half es, alle meine schlechten Taten aufzuschreiben. Über einen längeren Zeitraum las ich sie laut vor mir auf und bat Gott inbrünstig um Vergebung. Und ich habe es aufrichtig und ernsthaft bereut, lange. Da träumte, wie jemand zu mir sagt: „Du wirst eine geringe Strafe erhalten, weil du deine Taten so bereust."

Verdrängen Sie nichts, wenn Sie sich mit ihren Taten auseinandersetzen, denn das nützt Ihnen nichts, da alles im Unterbewusstsein festgehalten wird und im Tod wieder auf Sie zurückkommt, denn der Tod ist der Tag der Wahrheit.

Im Laufe des Lebens sammeln wir gute Taten und viele schlechte Taten. Vor diesem Hintergrund betrachten Sie Ihre Lebenskrisen als etwas Konstruktives, denn Krisen haben einen reinigenden Effekt und können die Wirkungen Ihrer schlechten Taten mildern. Krisen reinigen Ihr Karma, nicht nur das Alte, sondern auch das, was Sie bereits in diesem Leben angesammelt haben.

Sie haben im Leben immer die Möglichkeit sich zu ändern, denn Veränderungen sind im Tod nicht mehr möglich. Dort wird angewendet, was Sie zu Lebzeiten angesammelt und gelernt haben. Nur auf der Erde sind Veränderungen möglich.

Nun häufen wir mit jedem Leben neues Karma an, das uns zwingt, immer wieder zu inkarnieren, um diese schlechten Eigenschaften endgültig abzulegen und alles richtig zu machen, d.h., unsere Selbstsucht, die zu allen möglichen, schlechten Handlungen führen kann, zu überwinden, unser Ich zu überwinden. Denn dann werden wir erst wirklich frei von der Materie und können wieder nach Äonen langer Pilgerschaft in unsere geistige Heimat zurückkehren.

Erdgebunden Seelen und die Begegnung mit dem Licht

Die Hölle ist ein Ort der Sühne und manche in Ungnade gefallene Seele im Jenseits weiß, was sie erwartet und versucht, verständlicher Weise, mit allen Mitteln dies zu umgehen und steckt dann in der Zwischenebene fest. Ihre innere geistige Natur zwingt sie aber weiter zu reisen, ihrem Schicksal entgegen. Um das zu verhindern, wenden diese Seelen folgendes Mittel an: Sie heften sich an den Ätherleib des Menschen, von dem sie Lebensenergie zapfen können, denn im Ätherleib zirkuliert die Lebensenergie. Dies ermöglicht den Seelen in den unteren Sphären zu bleiben, bei uns Menschen.

Die Verstorbenen verfügen über keinen Ätherkörper mehr. Der wird nach dem Tod einige Stunden bis wenige Tage abgestreift, als einen natürlichen Prozess, weil der Ätherkörper mit dem materiellen Körper eng verbunden ist. Was die Seele im Jenseits hat, ist der Astral- oder Begierdenkörper, den Mentalkörper (die Gedanken) und der Kausalkörper (spiritueller Körper), der sie mit der Schöpfung verbindet. Das hat sie mit den Menschen noch gemein.

Der Begierdenkörper bleibt der Seele solange erhalten, bis sämtliche irdische Erfahrungen und Anhaftungen im Kamaloka gereinigt werden. Die Seele fährt mit diesem Begierdenkörper auch in die Hölle, denn das Empfinden von Schmerz und Leid gehört zum Begierdenkörper. Wenn die Seele sich gereinigt hat, die Hölle hinter sich gelassen hat, legt sie den Begierdenkörper vollends ab, jedoch als Extrakt von umgewandelten Energien und Erfahrungen, die das zukünftige Karma beinhalten. Solange die Seele sich aber an den Menschen heftet, kann sie nicht weiter reisen, und es sind viele Seelen, die sich noch bei den Menschen aufhalten, weil sie sich ihrem Zustand gegenüber oft nicht bewusst sind. Sie versuchen Kontakt mit uns aufzunehmen, weil sie Hilfe bei uns suchen. Oft geschieht es auch in Träumen.

Es gibt Seelen, die sich an Menschen oder auch Orte binden, besonders dann, wenn es etwas Ungelöstes im Vorleben der Seele gibt. Das ist die Erklärung für Gespenstererscheinungen. Der Grund für solche Hilflosigkeit und Unkenntnis ihrer Situation ist meist, dass die Seelen nie an einem Leben nach dem Tod geglaubt haben, die stark materialistisch ausgerichtet im Leben waren. Es ist ihre eigene Unwissenheit, die die Seele hilflos macht.

Gewöhnlich stehen dem kurz Verstorbenen andere Wesen im Tode hilfreich zur Seite, Verwandte empfangen sie oder ein Lichtwesen. Doch je materialistischer die Seele im Leben ausgerichtet war, desto mehr ist sie blind dafür, dass Hilfe für sie im Jenseits da ist. Und weil die Seelen ihren alten Gewohnheiten nachzugehen bestrebt sind, halten sie sich bei uns Menschen auf. Darunter gibt es auch viele gute Seelen, nicht nur böse. Sie sind einfach unwissend.

Bestimmte psychologische Typen von Menschen sind von Besetzungen bedroht. Dazu gehören Labile im Besonderen, weil sie sensitiv und oft wenig geschützt sind. Aber auch negative Züge, wie Hass, Zorn, Lasterhaftigkeit und Abnormitäten ziehen negative Wesen an, denn eine vornehmlich negativ ausgerichtete Bewusstseinshaltung ruft auch ebensolche negative bis böse Wesen hervor. Die

Dramatik ist, dass diese negativen Geister den Menschen immer wieder zu negativen Handlungen reizen. Ich habe diesbezüglich davon geträumt, dass meine Mutter, die allgemein boshaft ausgerichtet ist, von einem großen negativen Geist besetzt ist, der sie immer wieder zu Wutausbrüchen reizt.

Ich selbst war von einem negativen Geist besetzt, der mich immer zu hysterischen Ausbrüchen reizte - meine Eigenart damals war, mich zu Hause laut abzureagieren, wenn ich Probleme hatte. So setzten sich drei Medien mit ihm in Verbindung.

Der negative Geist steckte bereits mehrere Jahrhunderte in der Zwischenebene fest und ist an der Pest gestorben. Er sagte, er hätte Spaß daran mich zu quälen. Die Medien klärten ihn über seinen Zustand auf, dass er tot sei und führten ihn zum Licht. Er war ganz verwandelt, als er das Licht endlich wahrnahm und sagte, wie schön es doch sei. Dann sagte ein Medium: „Geben wir ihm Energie, damit er ins Licht gelangt." Und sie atmeten dreimal kräftig aus. Dann war er weg und ich war meine hysterischen Anfälle los. Die Arbeit eines guten Mediums besteht hauptsächlich darin, mit den Toten Kontakt aufzunehmen und sie über ihren Zustand aufzuklären, um sie dann ins Licht zu schicken.

Die erdgebundenen Seelen verbringen so sehr viele Jahre, wenn nicht sogar Jahrhunderte im Zwischenzustand zu. Aber ein Zeitgefühl, so wie wir es haben, gibt es dort „drüben" nicht. Wenn für uns ein Monat vergangen ist, kommt es den Seelen im Jenseits wie ein Moment vor. Ich habe geträumt, dass Seelen unterschiedlich lang im Jenseits verweilen. Einige bleiben Jahrhunderte dort, andere wiederum nur Jahrzehnte. Das liegt am Entwicklungsstand der Seele. Weit entwickelte Seelen inkarnieren relativ schnell wieder. Bei Tieren geht dies noch schneller, denn ihre Erfahrungspanne im Leben ist kurz.

Ein Menschenleben ist sehr wertvoll, denn nur hier können bewusst Veränderungen herbeigeführt und nach Erleuchtung gestrebt werden. Der Andrang, als Mensch zu inkarnieren, ist groß, sind die Bedingungen auf der Erde doch noch nie so ideal wie jetzt. Nur hier können wir unser Karma vollständig auflösen, unsere Triebe und Begierden überwinden und uns spirituell weiter entwickeln. Es gibt leider auch Rückentwicklung, doch die ganzen Erfahrungen, die wir sammeln, summieren unser Wesen letztendlich. So kann eine Seele, wenn das Menschsein nicht richtig verstanden und gelebt wird, wieder ins Tierreich inkarnieren.

Erleuchtete Menschen und Meister steht es frei zu inkarnieren oder nicht. Viele von Ihnen möchten den Menschen in seiner Entwicklung unterstützen und entscheiden ein Mensch zu werden. Aber es gibt auch Meister in den geistigen Sphären, die den Menschen von innen her leiten. Vielen erwachten Menschen ist dies bewusst. Oft erkennt man es daran, wenn wir einen Geistesblitz haben, oder eine innere Eingebung. Auch in der Inspiration wirken die Meister und andere höhere Wesen. Wir sind nicht allein, auch wenn wir Gefühle von Einsamkeit haben. Um uns herum ist eine Schar von Wesen wie Verstorbene, höhere oder niedere Wesen, Schutzengel..., nur dass wir das nicht bewusst wahrnehmen. Manchmal wird es uns in Träumen gewahr. Das ist der Grund, warum wir von fremden Menschen träumen. Einerseits sind es personifizierte Inhalte aus unserem Unterbewusstsein und zum andern Teil nehmen wir wirklich Wesen wahr, die uns umringen. Sie erscheinen, weil sie Botschaften für uns haben, man muss es nur zu unterscheiden wissen. Verwandte Verstorbene nehmen Kontakt zu uns auf, wenn wir uns mit unseren Astralleib im Schlaf in den geistigen Ebenen befinden, oft haben wir eine blasse Erinnerung hiervon. Andere Wesen können uns als uns bekannte Menschen erscheinen, um uns etwas mitzuteilen, auch Tiergestalten sind möglich. Diese Archetypen sind im kollektiven Unterbewusstsein verankert und können von allen Menschen empfangen werden, weil das kollektive Unterbewusstsein uns alle verbindet und das führt wiederum zu den geistigen Ebenen im Jenseits. So können wir jetzt schon erfahren, was im Tod mit der Seele geschieht, ja wir können ganz bewusst Kontakt aufnehmen mit den geistigen Wesen, durch bestimmte geistige Schulungen.

Wir stehen auch mit unseren Gedanken in der geistigen Welt darinnen und können geistige Wesen durch die Art unserer Gedanken anziehen oder abstoßen. Daher ist das Gedankenleben sehr gewichtig, denn es hat Folgen für uns. Formulieren wir uns vornehmend negativ, ist das praktisch eine Einladung für niedere Wesen und die höheren Wesen erreichen uns nicht - wir blockieren uns gegen sie. Für Besetzungen hat man daher eine gewisse Eigenverantwortung.

Als ich bei einer Hellseherin war, sagte sie mir, dass meine Eltern eine haarsträubende negative Aura hätten und dass sich deswegen ganz niedere Wesen bei ihnen eingenistet haben. Wenn wir dann so sterben, werden uns diese Wesen sichtbar, denn sie hängen an unserem Ätherleib. Und diese sehen bestimmt nicht schön aus.

Nicht gleich jeder negative Gedanke hat auch Folgewirkung, es geht vielmehr darum, wie wir gewohnt sind zu denken. Hass erwirkt immer wieder nur Hass, Liebe ruft Liebe hervor, Gleiches zieht Gleiches an. Doch bei vielen Besetzungen muss man professionelle Hilfe suchen, denn diese niederen Wesen und die Verstorbenen können sich bei uns festsetzen, dass man sie allein durch positive Gedanken nicht von sich lösen kann. Wohl aber können wir einigen Toten hilfreich sein, durch Beschäftigung und Lesen von spirituellen Wahrheiten, denn die Verstorbene können unsere Gedanken lesen. Ein guter Geist erkennt dann hierin seinen eigenen Zustand und kann weiter reisen.

Die Verstorbenen, die in der Zwischenebene feststecken, haben die Begegnung mit dem Licht noch nicht gehabt und leben in einer Art Grauzone. Sie wissen nicht, wohin und was sie tun sollen, daher besuchen Sie uns. Es ist ihre eigene Unwissenheit, der sich wie ein Schleier um sie legt.

Je mehr wir über spirituelle Wahrheiten wissen und schon danach leben können, desto bewusster sind wir im Tod, desto mehr können hilfreiche Wesen an uns heran treten, desto eher haben wir die Begegnung mit dem Licht, von dem die Nahtodforschung oft berichtet.

Die Seelen im Jenseits haben die Begegnung mit dem Licht, *bevor* ihr Leben beurteilt wird. Das soll sie erinnern, dass sie aus dem göttlichem Licht oder Gott heraus erstanden sind. Das Licht ist die reinste Liebe, in der viele Christus sehen, Buddha, oder einfach göttliches Licht. Sie erleben das, woran sie glauben. Der Seele wird offenbar, dass sie aus Liebe entstanden ist. Sie ist ihre Quelle, ihr Ursprung und ihr Ziel, sich wieder mit der göttlichen Liebe zu vereinen. Sie spürt es als den intensivsten Drang, den man sich nur vorstellen kann, ein sehnsüchtiges Verlangen, sich mit dem Licht zu vereinen.

Die Begegnung mit dem Licht hilft der Seele ihre eigene Unvollkommenheit zu erkennen, was sie veranlasst nicht nur über ihr Leben zu urteilen, sondern auch ein Bedürfnis spürt sich von ihren Taten und schlechter Gesinnung zu reinigen, dass sie oft freiwillig in die Läuterungssphäre eingeht, denn ihre Unvollkommenheit hindert sie sonst daran in den himmlischen Sphären höher zu steigen.

Die Begegnung mit dem Licht veranlasst die Seele immer wieder zu inkarnieren, um an ihrer Entwicklung zu arbeiten, dass sie irgendwann soweit ist, nahe an der Vollkommenheit heran zu reichen, um sich endgültig mit dem Licht vereinen zu können. Die Begegnung mit dem Licht zeigt auch, was das Wichtigste ist: Liebe zu geben, denn Liebe ist die Quelle von uns allen, auch von dem Bösesten unter uns. Ohne Liebe können wir nicht leben, Babys sterben wenn man ihnen die Fürsorge und Zuneigung entzieht.

Wenn Sie Liebe geben, werden Sie sich selbst auch erfüllter fühlen. Fehlt aber Liebe in unserem Leben, werden wir unglücklich, krank, verbittert und manche Menschen sogar böse. Wenn wir lieben, fließt göttliche Energie durch uns hindurch. Dies bemerkt man an dem erhöhten Zustand, der uns ein Glücksgefühl vermittelt. Es ist der natürliche Zustand, in dem wir sind, wenn wir uns mit dem göttlichen Licht vereinen, der die reinste und höchste Liebe ist. Der selige Zustand im Mutterleib, was für den Embryo ein paradiesisches Empfinden ist, und unser Liebesempfinden ist eine Analogie für unser überirdisches Sein.

Da die Seele im Tod in diesen glückseligen Zustand kommen will, weil sie spürt, was ihre wahre Herkunft ist, nämlich die Liebe, geht sie oft mit Vorfreude in das Kamaloka ein. Ja, manche gehen sogar freiwillig in die Hölle, denn die Seele weiß, das die himmlische Belohnung auf sie wartet, und sie ist überaus bestrebt diesen himmlischen Zustand zu erreichen, der das größte Glück für die Seele bedeutet. Sie wird überirdisch glücklich sein und das ist mit nichts auf der Erde zu vergleichen, wie schön das Paradies ist, in dem die Seele dann lebt. Welch Freude, welch große Wonne, die die Seele dann ausfüllt. Wir sehnen uns alle danach. Das ist auch der Grund für viele Süchte und Abhängigkeiten, denn wir versuchen den Zustand künstlich herzustellen. Auch das Erleben in der Sexualität ist eine Ursehnsucht, denn in alledem trägt sich ein schwacher Abglanz der göttlichen Liebe, die uns ganz umschließt, die uns ganz durchdringt, mit der wir ganz eins sind. Diesen Zustand aber künstlich herzustellen ist nicht der wahre Weg, denn es kettet uns letztendlich an diese Welt. Aber wir spüren unbewusst, dass wir eine tiefe Sehnsucht in uns haben, die wir versuchen mit den Mitteln dieser Welt zu befriedigen und wir suchen diese Sehnsucht in der Liebe auszufüllen. Aber die Wahrheit ist, wir wollen uns eigentlich mit Gott vereinen, der die totale Liebe von allem ist. Die Seele im Tod weiß darum, aber wir Menschen sind uns großteils unbewusst darüber. Die Seele weiß es in dem Augenblick, wenn ihr das Licht erscheint und die Seele ist überaus bestrebt sich mit diesem göttlichen Licht zu vereinen, endgültig, für immer. Da sie aber unvollkommen ist, muss sie immer wieder inkarnieren, um an sich zu arbeiten. Leider verdunkelt sich das Wissen, über das die Seele im Tod verfügt, zu Lebzeiten wieder, solange wir noch unbewusst und an die Welt gebunden sind. Es gibt viele Wege zu „erkennen" oder „zu erwachen", aber nur ein Ziel, das alle erreichen wollen, ob nun bewusst oder unbewusst: Wir wollen in die ewige göttliche Liebe für immer eingehen. Das ist unser letztendliches und unser höchstes Ziel, alles andere sind Umwege oder Irrwege. Aber die Seele erhält die Zeit, die sie braucht sich zu entwickeln, denn Gott ist ewig – er wartet auf seinen verloren gegangen Sohn und streckt beide Hände aus. Du brauchst sie nur zu ergreifen…

Das Totengericht

In meinen Träumen, die ich geschildert habe, habe ich bereits mehrere Hinweise auf das Totengericht gegeben. Das Gericht erfährt jeder Mensch, mit Ausnahme von spirituellen Meistern - die steigen im Tod direkt in den höheren geistigen Ebenen auf.

Es gibt hier einige Unterschiede in den Kulturen, aber sie gleichen einander. Bei manch einem gläubigen Christen ist Gott der Richter und Moses der Ankläger, andere wiederum beurteilen ihr Leben selbst. Oder man kommt zu einem Spiegel der Wahrheit, der das vergangene Leben zeigt. Es kann auch ein Panoramabild des gesamten verflossenen Lebens sein. In der Nahtodforschung war es oft das Licht, das den Verstorbenen fragte, was er aus seinem Leben gemacht hat und es wurde ihm dann sein Leben gezeigt. Es werden die guten Taten und die schlechten Taten gezeigt, aus dem ganzen Leben des Verstorbenen. Bei den Buddhisten werden die guten Taten und die schlechten Taten in Form von weißen und schwarzen Kieselsteinen gegeneinander aufgewogen, wie ich bereits erwähnt habe. Oft tritt ein Ankläger, eine dämonartige Gestalt auf, die die schlechten Taten zeigt, und ein Fürsprecher, ein engelsgleiches Wesen, die guten Taten. Bei den Buddhisten richtet ein „Herr des Karmas" sein Urteil über die Seele. Aber manche Seelen richten sich im Angesicht des Lichtes selbst. Das Licht, so berichtet die Nahtodforschung, hat der Seele schon längst vergeben, aber die Seele selbst kann es nicht, sie fühlt sich schuldig, schlecht und elend.

Zu Gericht, wenn die schlechten Taten gezeigt werden, schämt sich die Seele ins Bodenlose, im Angesicht ihrer vielen schlechten Taten, dass es ihr oft selbst zum Bedürfnis wird dafür zu sühnen, wenn sie denn einsichtig ist. Die Reue ist eine ungleich größere als zu Lebzeiten, sie schämt sich und weint herzzerreißend über ihre eigenen schlechten Taten und fühlt in sich das dringende Bedürfnis, es wieder gut zu machen. Sie erlebt auch die Wirkungen ihrer Taten auf andere an sich selbst, fühlt deren Verletzungen und das Leid, das die Seele verursacht hat. Sie muss das Gleiche erleben, was ihren Opfern durch sie widerfahren ist. Damit aber nicht genug, die Taten müssen gesühnt werden und es sind viele Seelen, die in die Hölle kommen. Hat sie aber viele gute Taten gesammelt und überwiegen diese den gegenüber den schlechten Taten, dann erfährt sie entweder eine milde Strafe oder sie wird ganz begnadigt. Deswegen ist es so wichtig, gute Taten zu sammeln und die Tendenz schlecht zu handeln, zu unterlassen. Zumindest sollte man keinen Schaden zufügen, weder an Mensch, Natur noch Tier. Alles zieht mitunter schwerste Folgen nach sich.

Diejenigen, die sehr böse waren, kommen ohne Gericht sofort in die Hölle. Je uneinsichtiger und reueloser die Seele, je größerer ihr Widerstand gegenüber ihr selbstverschuldetes Leid, desto größer die Qualen in der Hölle. Ich träumte diesbezüglich von den 10 Vollstreckern in der Hölle - dämonische Gestalten von Angst einflößendem Aussehen, die gut drei, vier Meter groß sind. Meine Seele im Traum stellte mir jeden einzelnen von ihnen vor und sie waren wirklich erschreckend. Es sind jene Wesen, wie sie im Buddhismus beschrieben werden. Meine Seele erklärte mir folgendes: Dass jeder dieser Vollstrecker im eigenen Geist verankert ist, dass Himmel und Hölle in des Menschen Geist verankert sind und dass man letztendlich auf sich selbst trifft. Sagte nicht Jesus: „Das Himmelreich liegt in euch?"

Als wir vor den Dämon traten, dem das Laster der Begierde zugrunde liegt - er hieß Preta - packte mich derart die Angst, dass ich vor ihm floh, denn in meinem Vorleben habe ich das Laster der Begierde zu stark angehäuft. Ich träumte, wie ich in der Hölle war und auf einer Streckbank lag und ein Dämon sich über mich her machte. Und ich erinnere mich an dieses grausige Stöhnen und Schreien, das durch die Hölle ging. Und als alles vorüber war, nach einer Ewigkeit, so schien mir, verblasste vor meinen Augen die gesamte Hölle, mit all ihren erschreckenden Kreaturen, löste sich alles vollends ins Nichts auf. Und ich weiß nicht genau, ob ich dort wieder hin komme, im Angesicht meiner Taten - wurde mir doch mitgeteilt, dass ich eine milde Strafe erhalte, weil ich meine Taten so bereue. Jeder von uns war schon einmal, oft sogar mehrmals, dort, denn wir waren in den vergangen Inkarnationen nicht alle Heilige, das können Sie mir glauben. Der Mensch kann auch böse werden, indem er Böses tut. Je selbstsüchtiger die Seele, je machtgieriger, desto größer die Gefahr das Gute in sich zu verdunkeln und eine Seele der Nacht zu werden. Ich war böse im letzten Leben, durch Leid in diesem Leben bin ich wieder gut geworden, das war mein karmischer Auftrag. Durch Leid reinigen wir unser Wesen zum Teil schon zu Lebzeiten und wir verändern uns, letztendlich immer zum Guten hin. Es ist daher nicht so gewichtig, wie Sie früher einmal waren, was zählt ist der Mensch, der Sie jetzt sind. Sind wir grundsätzlich gut in unserem Wesen, wird uns auch Gutes widerfahren, zumindest wird uns Gnade zuteil. Liegt die Hölle hinter uns, dämmert wieder das göttliche Licht auf, das uns weiter in den Himmel führt – unserer wahren Heimat.

Der Hüter der Schwelle

Stellen Sie sich vor, dass Sie all Ihre schlechten Handlungen und Gedanken, die Sie in Ihrem Leben und anderen Leben zusammengetragen haben, ein Bild geben - wie möge dieses Bild unseres schlechten Gewissens wohl aussehen? Bestimmt nicht schön, wenn wir all unsere schlechten Taten betrachten. Zu diesem Bild gehört ein Wesen: Der Hüter der Schwelle (benannt und beschrieben nach Rudolf Steiner).

Wer ist der Hüter der Schwelle? Er steht am Tor der geistigen Welt, wenn der Mensch an die geistige Schwelle herantritt und er begegnet uns, wenn wir sterben.

Ich habe die Begegnung mit dem Hüter der Schwelle bereits in meiner Jugendzeit gehabt, als ich mein nächtliches „Hobby" ausübte und so andere Wesen, besonders Verstorbene, anzog. Er war auch die Fratze in meinem damaligen Zimmer, die an mich heran trat, um mir eine Grenze zu setzen, denn ich war völlig naiv und unvorbereitet in die geistige Welt vorgedrungen. Es ist nicht ganz ungefährlich, ohne moralische Vorbereitung und Reinigung unseres Karmas in die geistige Welt einzutreten, denn es gibt dort niedere Wesen, die dann an uns herantreten und uns auf Tiefste verwirren können. Ja, auch dunkle Kräfte können sich an uns heran machen, wenn wir selbst die Tendenz zur Negativität nicht überwunden haben.

Mit einer bestimmten seelischen Reife kann die Begegnung mit dem Hüter der Schwelle eine Initiation in höhere

Welten sein, denn er führt der Seele ihre gesamten Verfehlungen vor Augen, die hart und verzerrt in ihr eingetragen sind. Und es beschämt die Seele sehr in das verzerrte Angesicht ihrer Untaten zu blicken und flieht vor Entsetzen von dem Hüter der Schwelle davon. Wenn wir in die geistigen Ebenen empor steigen wollen, müssen wir den Hüter der Schwelle passieren und ihn überwinden, d.h., alles was wir in uns selbst an disharmonischen Kräften und ungelösten Karma haben, muss gereinigt und in höhere Anlagen transformiert werden.

Für die meisten Menschen bleibt der Hüter der Schwelle jedoch unsichtbar, wenn dieser nicht über die entsprechende spirituelle Reife verfügt. Nur wenn wir langsam beginnen zu erkennen, was der tiefere Sinn unseres Lebens und Leidens ist, wird das göttliche Licht in uns angeregt, uns den Weg zu leuchten. Aber damit kommt auch unser Schatten zum Vorschein, denn er will im Licht der Liebe anerkannt und transformiert werden.

Ist der Mensch in sich selbst nicht gefestigt genug und hat sich spirituell nicht soweit entwickelt, dass er seine beiden „Wesensanteile" in Liebe vereint, kann es ihm sogar mehr schaden als nützen. Gewöhnlich wird dieser Mensch aber in seiner Absicht blockiert, damit ihm das nicht widerfährt, denn er dringt in Bereiche vor, die von äußerst fundamentaler Kraft sind. So wie es bei mir der Fall war.

Im Tod ist der Hüter der Schwelle als unser schlechtes Gewissen zugegen und beschreibt mit seiner Anwesenheit jene dämonische Figur im Buddhismus, die bei unserem Gericht zugegen sitzt. Unser lichtvolles Wesen ergreift für uns Partei und zeigt unsere guten Taten, dann wird beides aufgewogen, was ein entsprechendes Resultat nach sich zieht.

In meinem luziden Traum, den ich beschrieben habe, starb ich, und mit dem letzten Aufflackern meines Bewusstseins sah ich den Hüter der Schwelle.

Unsere ganzen Verfehlungen sind in ihm gespeichert, jeder Gedanke, jede noch so kleine Tat, gehen ihm nicht verloren, und wenn wir ein schlechtes Gewissen spüren, dann ist das der Hüter der Schwelle, der sich in uns regt. Nicht gemeint ist das überzogene schlechte (krankhafte) Gewissen, das oft von der Konditionierung und negativen Erfahrungen im Leben herrührt. Gewöhnlich spüren wir unser schlechtes Gewissen solange, bis wir es bereinigt haben.

Aber auch Dinge, die uns nicht zu Bewusstsein kommen, werden von ihm aufgenommen, wie ein kosmischer Buchhalter wird alles in den Büchern des Lebens festgehalten.

Zu unserem Wesen gehört das Dunkle und das Lichte. Jene dunklen Elemente in uns werden durch den Hüter der Schwelle verkörpert, während das Gute in uns sich in unserem lichten Selbst widerspiegelt. Beide personifizieren sich vor uns im Tod, aber wir sind es im Grunde genommen selbst. Alles was wir wahrnehmen und erleben, ist aus unserem Geist heraus geboren.

Stellen wir uns unser momentanes Bewusstein als einen Nadelstich groß auf einem weißen Blatt vor: Soviel wissen wir lediglich von der ganzen schwer umspannten Vielschichtigkeit unseres Geistes und deswegen sind die Erscheinungen im Tod so real, dass wir niemals vermuten, dass sie aus unserem eigenen Geist heraus entstehen. Besonders die Erscheinungen und Erlebnisse im Kamaloka.

Neben dem Hüter der Schwelle, der unser Gewissen ist, und seit Anbeginn unserer Inkarnationen auf dieser Erde alles aufzeichnet, gibt es noch den großen Hüter der Schwelle. Und ihm gegenüber zu treten, ist mit noch mehr Mut verbunden, den wir überhaupt aufbringen können.

Ich hatte die Begegnung bei einer Astralreise: „Aus einer schwarzen Wolke bildete sich etwas sehr Dämonisches heraus. Pechschwarz, mit stechend funkelnden Augen und feurigem Atem, dass ich aus Angst vor ihm floh." Er hatte ein krokodilförmiges Haupt, wie der Totengott der alten Ägypter. Wir erinnern uns, am Anfang habe ich das Totengericht der alten Ägyptern kurz angeschnitten: Sind die Taten schwer, wird die Seele von einem krokodilartigen Dämon verschlungen.

Was hat es auf sich mit dem großen Hüter der Schwelle? Während der „kleine Hüter" der Schwelle mehr unser persönliches Gewissen darstellt, hinter dem unser lichtvolles Wesen verborgen liegt, ist der große Hüter der Schwelle das Gedächtnis des universellen Bewusstseins, hinter dem der Logos verborgen liegt. Psychologisch ausgelegt ist er das kollektive Unbewusste des Menschen.

Alles, was sich seit Anbeginn unser seelisch/geistigen Entwicklung, als wir uns in immer grobstofflicheren Dimensionen unseren Weg bahnten, als Gesamtheit ereignet hat, im Sinne vom Kollektivkarma, ist in ihm gespeichert. Wir haben nicht nur ein persönliches Karma, sondern auch ein überpersönliches Karma, das uns Menschen verbindet: Unser Fall aus dem Paradies – durch freie Entscheidung.

Vor unerdenklichen Zeiten war die Welt, wie wir sie kennen, nicht gegeben, denn die Materie hat sich erst zu einem viel späteren Zeitpunkt aus den geistigen Tatsachen heraus kristallisiert. Was wir als Gottes Geschöpf zuerst hatten, war ein rein geistiges Dasein, vollkommen umschlugen von Gottes Gegenwart. Ein Bewusstsein ein Selbst zu sein, wie wir es heute definieren, bestand nicht. Wir waren keine getrennten Wesen von der ewigen, ewigen Wahrheit, die voll verschwenderischer Liebe in den Kosmos ausströmte. Wir waren in Gott und er in uns, in himmlischer Ekstase tanzender Herzen, die den Einen priesen und seine Offenbarungen unendliche lange Zeit in den Kosmos spiegelten. Wir waren in einer Verschlungenheit mit Gott, aus dessen Glanz wir heraus getreten sind, wir, die die Emanation des Göttlichen sind. Doch irgendwann *begehrten* wir nach den Offenbarungen, begehrten ein autonomes Selbst zu sein und wurden bedingt dadurch von den Offenbarungen getrennt. War vorher alles eine Einheit, spaltete sich diese nun auf und die Polarität entstand - so wurde das Eine zum Anderen.

Adam und Eva versinnbildlichen die beiden Polaritätsebenen. Und ihre verbotene Frucht war „Erkenntnis", dass sie nackt waren, d.h., dass sie ohne Gott nichts sind. Und in gewisser Weise begehrten wir auch dagegen auf und fielen aus dem Paradies in die Welt der Ursachen und Bedingungen.

Dieser „Fall" ist eine große spirituelle Prüfung, wenn wir an die geistige Schwelle herantreten, um uns mit Gott wieder zu vereinen. Das ist die Prüfung des großen Hüters der Schwelle, der unsere Erbsünde, manche sagen auch Blutsünde, in sich trägt.

Wir sind alle aus dem Reiche Gottes gefallen, um ein „Ich" zu werden – ein unabhängiges und getrenntes Bewusstsein, das letztendlich keine Langzeitperspektive hat. Und wenn wir uns wieder mit ihm vereinen, legen wir unser Ich auf seinem Altar dar – das ist eine spirituelle Hochzeit. Unser egozentrisches Bewusstsein wird zum Logos-Bewusstsein.

Diese Aufgabe hat der große Hüter der Schwelle, der uns alles spiegelt, was wir seit jenen urfernen Tagen in Ungleichgewicht gebracht haben. Denn dadurch ist auch die ganze Schöpfungsgeschichte mit betroffen. Man sagt sogar, dass es ein großer kosmischer Unfall gewesen sei, der im göttlichem Geschehen nicht vorgesehen war und dass die Entwicklung auf der Erde einen Notfallplan darstellt.

Unser Ich wird wieder zum universellen Selbst werden, denn unser Begehren ein Ich zu sein steht in großer Diskrepanz zu Gott. Was in Wirklichkeit existiert ist *ein Wesen* – Gott -und wir sind seine Emanationen.

Auf die Bitte eines Reporters an einen buddhistischen Mönch, den Kern des Buddhismus zu beschreiben, sagte dieser: „In Wirklichkeit gibt es Sie gar nicht."

Die gesamte Entwicklung zielt darauf ab, unser Karma vollständig zu reinigen und dem Göttlichen entgegen zu streben. Dazu müssen wir auch durch alle Erfahrungen mehr oder weniger gehen, um ein Mal ein Meister der Welt zu werden, so wie es Buddha war.

Die göttliche Natur, Christus oder Buddha liegt in Ihnen selbst verborgen und gewöhnlich bringen uns leidvolle Erfahrungen zur Erkenntnis und zum Mitgefühl: Es geht darum unser Wesen immer weiter zu verfeinern, immer höher zu schwingen, dass wir uns der Göttlichkeit in uns selbst bewusst werden. Diese gesamte Entwicklung ist im kosmischen Gedächtnis, *der Akascha Chronik,* gespeichert, keine Erfahrung geht verloren, sowie keine Tat.

Aus einer harmonievollen Einheit mit Gott sind wir heraus gefallen und diesen Verlust spüren wir auch in uns selbst: Ein unbestimmtes Gefühl, dass uns etwas fehlt, eine innere Leere oder Einsamkeit, vielleicht auch eine Sehnsucht, die wir nicht stillen können, auch eine gewisse undifferenzierte Angst, die wir versuchen durch die Liebe zu einem anderen Menschen zu überwinden. Denn dann fühlen wir uns vollständiger in unserem Wesen und werden glücklich.

In der Liebe trägt sich wie gesagt ein schwacher Abglanz von der göttlichen Liebe, aus der wir einst gefallen sind, aber in Wirklichkeit nicht getrennt sind, denn Gott gibt uns nicht auf. Wir haben lediglich *vergessen* und werden uns irgendwann *wieder erinnern*.

Je selbstsüchtiger der Mensch wird, desto böser kann er werden - er trennt sich selbst von der göttlichen Liebe ab. Dann wird er für jene unheilvollen Kräfte offen, die sich durch unseren Niedergang entwickelt haben. Denn das Böse wie das Gute sind zwei ganz fundamentale Kräfte, die wir durch Liebe ausgleichen müssen, um den Schlüssel zu finden, der die verborgenen Bereiche in uns selbst öffnet: Unser lichtes Wesen, das uns mit Gott verbindet.

Die Läuterungsebene – das Kamaloka

W enn wir sterben, haben wir noch unser alltägliches Bewusstsein, mit denselben Neigungen und Gewohnheiten, die wir zu Lebzeiten gepflegt haben. Wir haben zwar keinen Körper mehr, jedoch noch unseren Ätherkörper, den wir wenig später ablegen, unseren Astralkörper (Begierdenkörper), Mentalkörper und den Kausalkörper. Dies ermöglicht uns einen luziden Körper, mit dem wir uns fortbewegen und der eine höhere Schwingung als der materielle Körper aufweist.

Materie schwingt im Vergleich zu der geistigen Welt relativ langsam. Je progressiver die Entwicklung, je „reiner" wir werden, desto höher schwingt unser geistiger Körper. Wir sind frei von geringer materieller Verdichtung, was wir noch beim Ätherkörper haben. Der reine Geist oder die geistige Welt hat die höchste Schwingung. Haben wir unseren Ätherkörper abgelegt, legen wir damit die feinstoffliche, noch materielle Hülle ab. Somit ist Materie kein Hindernis mehr für uns, wir können uns durch die erhöhte Schwingung einfach hindurch bewegen.

Mit Kraft unseres Mentalkörpers können wir uns an Orte und Menschen begeben, wenn wir es wünschen, wir sind dann augenblicklich dort, sobald wir daran denken. Gewöhnlich halten wir uns erst an Orten und bei Menschen auf, die wir zu Lebzeiten kannten.

Wiederum können Lebende Gedanken an uns haben, die uns veranlassen bei Ihnen zu sein. So ist es möglich, dass tief Trauernden die Toten in ihren Gedanken einfach nicht loslassen, und die/der Verstorbene dann nicht weiter ziehen kann. Denn die Toten können die Gedanken der Lebenden wahrnehmen, weil sie eben nicht mehr materiell gebunden sind. Gedanken sind feine Schwingungen, die der Tote empfängt und mit denen er sich auch fortbewegt.

Ich habe bereits in den vorherigen Kapitel über das Kamaloka geschrieben, es ist eine Begierdenwelt und unser Astralleib, unser Begierdenkörper, ist Träger unserer Seele und unseres Ichs.

Wir durchleben dann die Elemente der Natur in Form von Donnern, Tosen, Winden und Feuern, wie es im Buddhismus beschrieben steht. Sie liegen den Elementen Feuer, Wasser, Luft und Erde zugrunde, womit unser Körper und unsere Sinne u. a. aufgebaut sind und woraus auch die ganze Natur besteht. Das erleben wir, solange wir uns noch in Erdsphäre aufhalten.

Die Natur und wir sind aus den vier Elementen heraus entstanden: Feuer (Farbe rot), Erde (Farbe grün), Wasser (Farbe blau) und Luft (Farbe gelb). Alle physischen, mentalen und psychischen Prozesse liegen diesen vier Elementen zugrunde. Der Äther zählt im Buddhismus als fünftes Element, welches das genaue Gegenstück unseres Körpers bildet und für die Verteilung der Lebensenergie zuständig ist.

Die Erde ist die Grundlage unseres Körpers, in seiner Beschaffenheit, Aussehen und Kondition. Wasser ist die Grundlage unserer Körperflüssigkeit und Flüssigkeitsaustausch. Luft die Grundlage unserer Atmung, Atmungsorgane und Stimme und Feuer die Grundlage unserer Verdauungsprozess und die Wärme des Körpers.

Bei dem Sterbeprozess verlieren wir zuerst an körperlicher Kraft, wir können uns immer weniger selbstständig bewegen, ja manche Glieder fühlen sich schon taub an. Das Erdelement zieht sich langsam zurück.

Wir können unsere Körperflüssigkeit nicht mehr regulieren und fühlen uns ausgetrocknet – das Wasserelement zieht sich zurück.

Unsere Körperwärme sinkt immer mehr und wir können die Verdauung nicht mehr kontrollieren – das Feuerelement zieht sich zurück.

Wir bekommen immer schlechter Luft und beginnen zu halluzinieren oder Sterbevisionen zu haben – das Luftelement zieht sich zurück.

Im Tod treffen wir nach dem Buddhismus auf die vier Elemente in *geistiger Form* wieder, es ist die zweite Phase im Tod. Nicht nur der sterbliche Körper zerfällt und wird der Natur zugeführt. Sind wir doch in Verbindung mit den Elementen, auf die wir kurz nach dem Tod in geistiger Form wiedertreffen. Dies ermöglicht uns der Ätherkörper, mit dem wir noch verbunden sind. Es sind die irdischen Eindrücke, *die wir in dieser Phase ablegen.*

Als nächste Phase taucht unsere Erinnerung an das vergangene Leben bildlich vor uns auf. Es kommt zu einer Bewertung. Wie das Gericht abläuft, habe ich bereits beschrieben.

Die Seele spürt durch ihre Lebensbeurteilung, den Drang sich zu reinigen. Sie möchte vieles wieder gut machen und sieht die Notwendigkeit in die Läuterungsebene einzutreten. Gewöhnlich zeigt ihr das Licht der Seele, dass sie sonst im Jenseits nicht höher steigen kann. Denn in der Seele sind noch gröbere feinstoffliche Eigenschaften vorhanden, die sie hindern, höher zu steigen und so muss sie eine Phase der Umwandlung machen: Das Kamaloka

Hier werden Begierden, Triebe, Leidenschaften abgelegt und die Emotionen gereinigt.

Die Seele ist voll von Emotionen, die sich in ihrer ganzen Vielschichtigkeit vor der Seele ausbreitet. So personifizieren sich die Emotionen, die vornehmlich in der Seele zu Lebzeiten und kurz vor dem Tod gehegt worden sind. Alles was „innen" war, projiziert sich nach außen, als sehr realistische anmutende Erscheinungen. Ist die Seele in Angst und Panik gestorben, taucht dieses Gefühl als Schreckgespinste, die einen verfolgen, wieder auf. Auch Hass, der jahrelang genährt worden ist, schafft Gestalten, die einen vernichten wollen. Aber es sind nur Erscheinungen der Seele, nichts ist wirklich real. Starke Begierden erschaffen Wesen, die einen quälen. Auch sie sind aus der Seele heraus entstanden. Diese vorherrschenden Emotionen müssen in Ihnen gelöscht werden und das kann schwierig sein, je stärker die Anhaftung im Leben war. Für die meisten kann daher das Kamaloka eine nicht minder leidvolle Zeit bedeuten, je mehr sie zu Lebzeiten an Begierden und negativen Emotionen gehegt haben. Es muss alles ausgeglichen und das gesunde Maß wieder hergestellt werden, das, was wir zu Lebzeiten versäumt haben diesbezüglich eine Veränderung anzustreben. Es kann zwar leidvoll sein, im Sinne dass die Seele unwissend ist, aber wir haben kein Erleben von Schmerz, so wie in der Hölle.

Die Angst, die uns im Kamaloka vor den Erscheinungen begleitet, ist eine ungleich größere als zu Lebzeiten, sie bekommt eine intensivere Dimension. Je heftiger die Begierden und je negativer die Emotionen waren, desto leidvoller erfahren wir das Kamaloka. Die Seele löst sich so von ihren Eindrücken und Anhaftungen, indem sie die

Wirkung hiervon durchlebt – so macht die Seele sich frei davon.

Es gibt aber auch beglückende Phasen, dass wir u. a. uns in paradiesische Gärten befinden, engelsgleiche Wesen uns begleiten, wundervolle Erscheinungen haben und sphärische Klänge hören, die uns ganz verzücken. Je leidvoller unser Leben phasenweise auch war – hier erleben wir den Ausgleich an wunderbarer Harmonie.

Menschen, die sehr viel Leid in ihrem Leben erfahren haben, erleben eine himmlische Vision im Kamaloka. Der Hungrige wird gespeist, die Leidenden werden getröstet, die Kranken geheilt und körperliche Qualen sind wie weggeblasen.

Ich habe diesbezüglich eine Vision gehabt, wie eine hinscheidende Seele, die sehr viel im Leid im Leben erfahren musste, von einer sanften Hand des Guten in die höheren Gefilde gehoben wurde.

Die, die im Leben hoch gestellt waren, werden zu den Niedrigsten im Tod, die reich und geizig waren, werden zu den Ärmsten und die Ärmsten werden zu den Reichsten. Alles im Tod erfährt einen Ausgleichprozess, denn hier geschieht Gerechtigkeit, die wir mitunter im Leben so vermissen. Jemand, der anderen Schaden zugefügt hat, wird leiden müssen. Jemand, der viel gelitten hat, wird zu den Glücklichsten im Tod zählen.

Wenn wir durch das Kamaloka gegangen sind, haben wir alles abgestreift, wo wir ein Ungleichgewicht im Leben hergerührt haben, denn es steht im Missverhältnis zur reinen, geistigen Ebene, wo keine Begierden, negativen Emotionen und Anhaftungen vorhanden sind. Wir haben unsere Seele gereinigt, dass sie jetzt vergeistigt ist. Wir sind jetzt Bewohner einer geistigen Welt und reisen höher.

Wenn wir in die Mentalebene eintreten, lösen wir uns von unseren Gedanken. Denn Gedanken gehören zur Evolutionsgeschichte des Menschen. Früher hatten wir keine Gedanken, was wir hatten, waren Eindrücke von unserer Umgebung und auch das Ich–Gefühl wurde noch nicht geboren, denn das Ich–Gefühl hängt eng mit unseren Gedanken zusammen. Was wir hatten, war ein Selbstgefühl, von Eindrücken geprägt, mehr ein Gruppenbewusstsein, ein Bewusstsein ein Teil seiner Umgebung zu sein, als eine Empfindung von Individualität. Das kam erst sehr viel später.

Was wir im Jenseits als geistige Wesen durchmachen, ist, durch die ganze Evolution rückwärts zu reisen, bis zu unserem Ursprung, der von geistiger Natur ist. Wenn wir im Jenseits höher reisen wollen, müssen wir unsere Gedanken und unser Ich niederlegen. Das ist entscheidend für das Eintauchen in die sphärischen Welten, wo es keine Grenzen gibt, die normalerweise das Ich setzt, sondern es gibt ein allumfassendes Bewusstsein, das uns mit dem Kosmos verbindet. Hier gibt es keine Individualität, die nur auf sich selbst gerichtet ist, sondern ein erhöhtes Bewusstsein von allen Dingen und Wesen. Wir entfalten uns so vollends, sind mit allem verwoben, wissen um alles, sind alles. Das kann das begrenzte Ich nicht aufnehmen. Wovon ich jetzt schreibe ist die Kausalebene, in die wir eintreten, wenn wir unsere Gedanken und unser Ich abgestreift haben.

Die Seele haben wir im Kamaloka soweit gereinigt, dass sie vergeistigt ist, denn die Emotionen gehören zu der irdisch aufgebauten Seele. Ihre Seele entsteht erst mit Ihrer Entwicklung als Mensch (auch schon embryonal). Was den Tod überdauert und sich inkarniert, ist der Geist.

Wenn wir die Kausalebene letztendlich hinter uns lassen, werden wir ganz „leer", in dem Sinne, dass wir wieder in den ewigen Urgrund oder Gott eingehen, aus dem heraus alles entstand. Es heißt jetzt nicht ausgelöscht, sondern „leer", und diese Leere ist voll mit potentiellen Möglichkeiten, so wie auch das Universum, als es einst entstand. Geist ist der Urstoff von allem.

Was wir in der Kamloka-Ebene abgelegt haben, ist in das zukünftige Karma mit eingeflossen. Auch in der Mentalebene haben wir unsere Gedanken abgestreift. Sie haben sie nicht einfach aufgelöst, sondern sie wurden umgewandelt in Energien, denn Gedanken bestehen aus feingeistiger Energie, die uns als zukünftiges Karma dient. Taten und Gedanken usw.: Sie zeitigen im Leben Wirkungen, auf die wir spätestens im Tod antreffen werden. Und alles erfährt einen Reinigungsprozess, der sich in zukünftige Bedingungen und Energien umwandelt.

Nun sind wir „leer" im Sinne von Geist. Die kosmische Notwendigkeit karmische Energie materiell zu verdichten, um Veränderungen zu bewirken, zieht aus jeder Ebene, die wir besucht haben und unsere Erfahrungen umgewandelt haben, wie einen Magneten an. Die Reise geht nun wieder zurück durch untere geistige Ebenen. Die Zusammenballung von karmischen Konstellationen ist es, was inkarniert. Sie können auch den Geist nehmen, der das zukünftige Karma anzieht.

Wie im Tod alles auseinander geht, was zusammen gefügt worden ist, fügt sich alles wieder in neue karmische Bedingungen zusammen. Durch diese „Zusammenballung" entzündet sich zwangsläufig eine Art von Bewusstsein, ein hellsichtiges Bewusstsein, obgleich es der Geist

ist, der inkarniert, denn bedenken Sie, Ihre Seele wird im Tod vollkommen geleert.

Sie nähern sich der Erdsphäre und haben Visionen über Ihre Eltern und über Ihr künftiges Leben und treten in den Mutterschoß ein und damit beginnt ein neuer Kreislauf von Tod und Wiedergeburt.

Die Entstehung

D em Menschen ist das Ich so lieb geworden, dass er Angst hat es zu verlieren. In Wirklichkeit verlieren Sie sich nicht, sondern werden nur „Mehr". Sie sehen hintern den Kulissen des Ichs und dort stehen geistige Wesen und Wahrheiten, die Ihr Ich, weil es ja nun mal Grenzen hat, nicht wahrnehmen kann, außer wenn wir erleuchtet sind.

Das Ich besteht nur durch diese Welt, sie ist von ihr aufgebaut, als natürliche Entwicklung. Babys haben noch kein Ich-Bewusstsein. Die Seele und das Ich entstehen erst mit dem Leben. (Zur Vertiefung weise ich auf mein Buch: „Vom Schicksal der Seele" hin.)

Das Ich ist die Voraussetzung im Leben Veränderungen und Weiterentwicklung zu bewirken. Zudem müssen wir unser Karma vollständig auflösen, damit wir nicht mehr inkarnieren müssen, denn das Leben kann nicht nur unendlich leidvoll sein, sondern wir können gar in unserer Entwicklung zurückfallen, wenn wir zu selbstsüchtig werden. Und Selbstsucht steht für alle möglichen Verblendungen offen.

Jeder Mensch steht auf einer bestimmten Entwicklungsstufe, diese hat er sich selbst erarbeitet. Um sich voll zu entwickeln, müssen wir durch mehr oder weniger alle Erfahrungen gehen, die das Leben zu bieten hat. Wir sollen vollständig werden in unserem Wesen.

Zu Anfang existierte, wie ich bereits beschrieben habe, der ewige Urgrund oder auch Gott, aus dem alles hervorgegangen ist. Wir sind Emmanationen von Gott und kehren wieder dort hin zurück. Unsere Wurzeln sind geistiger Natur. Hier, auf der Erde, ist unsere Wohn- und Arbeitsstätte, wo wir an uns arbeiten und uns entwickeln.

Wir hatten zuerst ein rein geistiges Sein, in Gottes Gegenwart eingebettet, und wirkten mit an seinen Schöpfungen.

Wir waren einst Engel, die gefallen sind. Das Begehren nach einem Ich warf uns aber letztendlich in diese materielle Welt hinunter. Wir wollten selbst Schöpfer sein. Im gewissen Sinne sind wir das auch, wenn wir uns kreativ Ausdruck geben und uns kreativ verändern.

Im Urchristentum war es Luzifer, einst Lichtbringer Gottes, der sich gegen Gott auflehnte, um autonom zu werden. Viele der Engel haben sich ihm angeschlossen. Andere Engel sind in den himmlischen Gefilden geblieben und begleiteten den nun gewordenen Menschen fortan.

Luzifer ist der große Hüter der Schwelle, den wir überwinden müssen, denn er hat das Ich in uns entzündet und wir müssen unser Ich auf Gottes Altar darbringen, um wieder mit ihm vereinigt zu werden. Der große Hüter der Schwelle hat alles in sich aufgenommen, was seit urfernen Tagen sich kosmisch- geistig entwickelt hat, im Sinne von Erbsünde, oder auch Kollektivkarma, ist alles in ihm verzeichnet. Und er ist unsere größte spirituelle Prüfung, die wir bestehen müssen, um in Gott oder den ewigen Urgrund wieder eingehen zu können. Somit kommt das Rad von Tod und Wiedergeburt endgültig zum Stillstand, unser Geist wird freigesetzt.

Es gibt aber auch viele Wesen, die nicht inkarnieren müssen und sich entschieden haben, in den geistigen Welten zu bleiben. Sie wirken nicht nur an der Schöpfung

Gottes mit, sondern helfen den Menschen bei ihrer Entwicklung. Wenn wir in unsere Entwicklung soweit sind, den göttlichen Geist aufzunehmen, kommt das Rad der Wiedergeburt zum Stillstand und wir steigen in den himmlischen Gefilden auf. Hier sind wir als geistige Wesen in einer geistigen Welt, von Gott umschlungen, und wirken an seiner Offenbarung mit. Es ist unsere Entscheidung als vergeistigtes Wesen ein Dasein im Himmel zu führen oder in den kosmisches Urgrund einzugehen, es sozusagen der Zeit vorziehen, denn irgendwann einmal, in unvorstellbarer langer Zeit, wird Gott ruhen, denn das Schöpfende hat die Neigung sich selbst zu erschöpfen und dann sinkt alles wieder in den Urgrund zurück, aus dem alles heraus entstanden ist.

Der Urgrund aller Dinge

Ewig war die Dunkelheit, wie Nebel verschleiertes dunkles Gewässer, über das der Urgrund aller Dinge noch ganz dahin gestreckt lag. Der Tag und die Nacht waren nicht geboren, die Engel noch nicht erkoren aus den tiefen Mysterien, das selbst in sich noch ganz verschlungen war. Kein Atmen ging, die Schicksalswinde noch nicht ausgehaucht, kein Du, kein Ich, kein Es. Vollkommen grenzenlos, kein Raum und keine Zeit, leer und auch nicht. Die Sybillen sangen nicht und Throne klangen noch nicht in unendliche Welten ihr zauberhaftes Spiel hinein. Ein tiefes Nichts und doch ein Alles. Eine volle Einheit, sich selbst nicht ergreifend, wie ewiger, traumloser Götterschlaf.

Doch dann bewegte es sich, regte es sich und erhob sich aus einer traumlosen Verschlungenheit zur mächtigen Götterdämmerung stampfend empor. Kräfte, so gewaltig wie Gottes Hand in sein Werk nur sein kann, erhoben sich an jenem jüngsten Tag, wie eine herrliche majestätische Glorie ohnegleichen. Ein Strahlen und Funkeln himmlischer Haine, ein gewaltiges Feuerwerk von Giganten göttlicher Mächte, so trieb und spross es das Leben aus seinem Jungfernschlaf empor. Oh, himmlische Magie, voll zauberhaften Glanzes der engelsgleichen Wesen. Sie erkoren aus dem tiefen, unergründlichen Grund, vielerlei Gestalten, wie unzählige funkelnde Diamanten herrlich anzusehen. Glorreich zierten sie seine hohe Stirn, Er, der Gewaltige, der sich hoch erhob und sich hernieder senkte, zu küssen der Erde blanke Brust. Er hauchte uns den Odem ein, wir, die aus seinem unendlichen Sein heraustraten, denn der Eine verströmte sich in die Vielheit, voll verschwenderischer Liebe. Wir waren in ihm vollendet und er in uns, im Paradies der höchsten Liebe, ekstatisch tanzender Herzen, die uns hoch erhob in den Himmel klingender Lieder der ewigen, ewigen Wahrheit. Doch die verführerische Schlange war voll List und Verschlagenheit, denn sie war die fatale Begierde. Und ihre verführerische Frucht war Erkenntnis, und das, was nicht zu wissen ist, war Leidenschaft, die sich selbst voll erbender Begierde ergötzte, war Macht, die sich göttergleich erhob. Die süße, schwarze Frucht, wir kosteten von ihr und sobald waren wir trunken von ihr. Voll verhängnisvoller Leidenschaft zog es uns hinaus ins unbekannte Land. Dorthin, wo niemand zu gehen wagt, denn die Spuren beschreiben endlose Seiten unzähliger Seelen, mit ihrem Blut unterschrieben. Und Blut ist unser Erbe, denn in ihm bebt das süchtige Verlangen nach einem Selbst, das sich hoch erhob und die Krone der Vergänglichkeit aufsetzte – ihr Ich, hinter der Ewigkeit als himmlischer Mensch. Aber die Frucht war auch Vergessen, Vergessen, das sich als trügerische Illusion um uns legte. Hinaus geschleudert ins Tal der Finsternis, wandern wir auf unsicherem Terrain, auf unergründlichem Schicksalsweg. Doch das weite Tor zu unserem Herzen ist der Eine, der sich in einem Funken unendlicher Liebe in uns senkt. Er entzündet das Licht in unserem Herzen und wir werden sehen, dass nichts so ist, wie es scheint. Licht und Dunkelheit, Gut und Böse verschmelzen in einem Tiegel der allumfassenden und erkennenden Wachsamkeit um die Dinge, die da waren, die da sind und die noch kommen werden. ER, der Eine, raunt dir zu: Verliere dich um meinetwillen und du wirst alles erhalten, was in meinen ewigen Wahrheiten geschrieben steht. So sind Anfang und Ende in sich vollendet und so schließt sich der Kreis wieder und sinkt in den Urgrund aller Dinge zurück - in fernen, fernen Tagen....

Weitere Bücher der Autorin:

Vom Schicksal der Seele - die Entwicklung der Seele und des Ichs aus ganzheitlicher Sicht.

ISBN: 978-3-7357-8237-3

Die Autorin beschreibt in ihrem Buch die Geschichte der Menschwerdung im ganzheitlichen Sinn. Im Brennpunkt steht die Entwicklung der Seele und des Ichs aus psychologischer und spiritueller Sicht. Dabei geht die Autorin auf Erlebnisse im Nachtodzustand ein, die eng mit der menschlichen Entwicklung verknüpft sind und sich zu Karma für das nächste Leben formt. Sie weist auf die geistigen Wurzeln des Menschen hin und worin sein eigentlicher Sinn im Leben besteht. In einem psychologischen wie auch spirituellen Aspekt wird in diesem Buch die Liebe zum Thema des Menschen.

Buchempfehlungen: Bücher von Jamina Diley

Das Lotusjuwel – eine Reise zum Ursprung

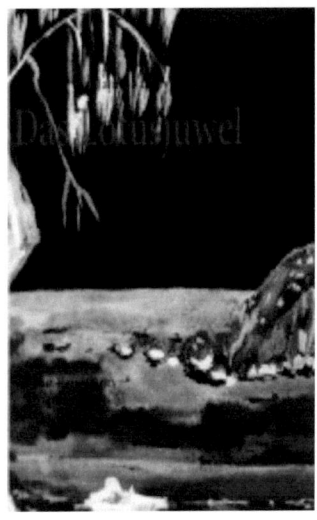

ISBN:978-3-8423-7203-0, 228 Seiten, Books on Demand

Ein fabelreicher, spiritueller Roman, der bis zum Ursprung des Lebens führt. Nokojo, der kleine Held der Geschichte, muss das Geheimnis des Lotusjuwels entlüften, um das Vaagan Moorland – das Reich des Unbewussten der Menschen – aus seine Verwünschung zu erlösen. Dazu macht er sich auf eine gefährliche und abenteuerliche Reise auf. Aber an seiner Seite hat er den weisen Uhu Mabu und den tollpatschigen Hund Neketa, die ihn fortan begleiten und damit nimmt seine Reise eine ganz ungeahnte Wendung. Ein amüsantes und unterhaltsames Werk, das wie ein Märchen anmutet und zum Nachdenken anregt.

Ein Meerschweinchen namens Timmi

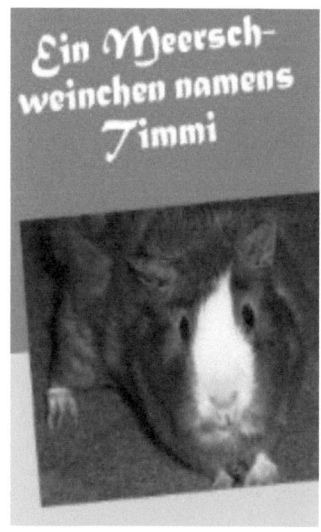

ISBN: 978-3-8482-6586-2, 52 Seiten, Books on Demand

Eine ganz amüsante, bebilderte Tiergeschichte, aus der Sicht von Meerschweinchen Timmi.

Timmi hat es mit ernsten Anforderungen des Alltags zu tun: Mit seiner Futterfrau, mit der er viel Geduld haben muss, seiner etwas wohlbeleibten Pauline, seine Freundin, die schon zig Diäten durch hat, und seine Rasselbande, die an alles nagen, was ihnen zwischen die Zähne kommt.

Für Erwachsene wie für Kinder ein herrlich lustiges Buch mit vielen süßen Fotos der drolligen Vierpfoter.

Die Liebe macht alles gut.

ISBN: 978-3-8391-8845-3, 76 Seiten, Books on Demand

Die Liebe ist das Wichtigste in unserem Leben, nämlich zu lieben und geliebt zu werden. Dabei treffen wir auf unsere Vorstellungen, die uns psychologisch für jenen oder diesen Typ sensibilisieren. Niemand kann uns besser spiegeln als unser Partner. Psychologisch werden die verschieden Liebestypen analysiert und zeigt unsere Wünsche, Ängste und Hoffnungen, die wir auf den Partner projizieren und was uns dann letztendlich entgegen kommt.